オドロキモモノキ英語発音

子音がキマればうまくいく

藤澤慶已 FUJISAWA KEI

the japan times 出版

まえがき

　留学や仕事などで海外に何年いても、幼いころから英語に接していないほとんどの日本人にとって、日本語のアクセントをなくすことは簡単ではありません。

　米国で暮らしていると、話し声を聞いただけで日本人だとわかることがあります。どんなにネイティブらしい表現を使って、よどみなくしゃべっても、日本人特有の話し方が出てしまうのです。
　せっかく英語が話せるのに、こうした発音をからかわれてコンプレックスをもつ方は少なくありません。しかし、それで英語から離れてしまうのはもったいないことです。

　なぜ日本人は英語ネイティブのように発音できないのでしょうか。理由は、日本語と英語の母音と子音の比率にあります。
　こう書くと難しく思われる方もおられるかもしれませんが、本書の発音方法は日本人が発音しやすいよう考えられたものです。苦手な方が多い発音記号も出てきません。
　ですから、上級者だけでなく、初級者の方にも学びやすい内容になっています。

　ネイティブのように発音することは、初級者にも大切です。
　日本で英語を学習している以上、留学生などに比べると、まわりからたくさんの英語を聞くのは難しいことです。
　ですが、自分できれいに英語を発音するということは、効果的なリスニング練習にもなります。
　自分が発音する声（肉声という音の波）は、頭蓋骨でひびきわたり、聴神経に届きます。つまり自分がネイティブのように発音できれば、それだけたくさん英語を聞くことになるのです。

本書を通して日本語と英語の違いを知り、発音の理論を理解することはもちろん大事です。
　しかし、理論だけに留まるのではなく、ぜひ実際に発音練習を地道に繰り返し、実践的な学習をしていただきたいと思います。

　自分の発音を客観的に知るためには、声を録音し、聞いてみるのが一番です。幸い、スマートフォンなどには、録音機能がそなわっています。どんどん録音して自分の声を聞いてみてください。

　最初のころは、自分の発音を聞いてがく然とされるかもしれないですが、**Practice makes perfect!**（習うより慣れろ）です。自分が雄弁に英語を話していることを想像し、楽しんでください。**Everything you can imagine is real.**（想像できることは、すべて現実だ。）

　みなさんが、きれいな発音で英語を話す。
　この本がその一助になれば、私も大変光栄です。

言語学博士・音楽学博士
藤澤慶已

目次 CONTENTS

- まえがき ❷
- 音声の使い方 ❼
- 本書の使い方 ❽
- レッスンをはじめるまえに ❿

PART 1 単音のトレーニング

- Lesson 1　ネイティブらしく発音できないワケ ⓰
- Lesson 2　子音をのばそう ⓲
- Lesson 3　子音を爆発させよう ㉖
- Lesson 4　日本人が誤解している子音をなおそう ㊵

PART 2 単語のトレーニング

- Lesson 5　子音強調トレーニング ㊻
- Lesson 6　リゾナンスを意識しよう ㊽
- Lesson 7　外来語のホントの発音 ㊻

PART 3 つながりのトレーニング

- Lesson 8　リエゾンをマスターしよう　88
- Lesson 9　音が消えるパターンを知ろう　94
- Lesson 10　複雑なパターンにトライ　98
- Lesson 11　日本人特有の二重母音をなおそう　112
- Lesson 12　究極の英語リズムを身につけよう　114

PART 4 センテンスのトレーニング

- Lesson 13　センテンスのトレーニング　136
- Lesson 14　お役立ちフレーズで発音力をアップ　156
- Lesson 15　思わず英語で言いたくなる名言　174

 コラム

- シンコペーションを体感しよう　132
- 空耳英語　154
- ドンドン目立たなくなる母音　172

音声再生アプリ「OTO Navi」リリース！(2020年初頭予定)

ジャパンタイムズ出版発行の書籍の音声を聞くことができる、音声アプリ「OTO Navi」を準備中です。購入した書籍の音声をスマートフォンやタブレットで手軽に再生し、学習にお役立ていただけます。どうぞお楽しみに！

ブックデザイン・イラストレーション　斉藤啓
編集協力　斉藤敦
DTP　創樹
録音編集　ELEC録音スタジオ
ナレーション　Steven Packard(米)／村上和也

音声の使い方

付属のCD-ROMには、MP3形式の音声データが収録されています。パソコンでの再生に加え、iPodなど携帯音楽プレーヤーでも再生することができます。音楽CDプレーヤーでは再生できませんので、ご注意ください。

■ Windowsでの使い方

CD-ROMを挿入し、右のようなウィンドウが表示される場合、「フォルダを開いてファイルを表示」をダブルクリックします。CD-ROMの中身が表示されますので「ReadMe.txt」ファイルを開いて、お読みください。ウィンドウが出ない場合、コンピュータを開きCD-ROMのアイコンをダブルクリックしてください。

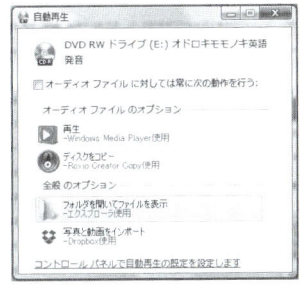

■ Macでの使い方

CD-ROMを挿入すると、デスクトップにCD-ROMアイコンが現れます。そのアイコンをダブルクリックし、CD-ROMの中身が表示されたら、「ReadMe.txt」ファイルを開いて、お読みください。

■ 音声ファイルのダウンロード方法

付属のCD-ROMに収録されている音声ファイルは、以下のアドレスから無料でダウンロードすることも可能です。

https://bookclub.japantimes.co.jp/odoroki

＊ブラウザのバージョンや端末によって、時間がかかる場合がございます。
＊音声ファイルはZIP形式に圧縮されていますので、解凍ソフトなどを利用し、解凍したうえでご利用ください。PC環境を推奨しています。

本書の使い方

1. 本全体の構成

　本書は、大きくわけ4つのパートから構成されています。
　PART 1に入るまえの「レッスンをはじめるまえに」では、日本人の英語発音の特徴や、英語ネイティブスピーカーとの違い、どうすればネイティブのように発音できるかなど、**本書の重要なコンセプト**が解説されています。
　つづくPART 1では単音のトレーニング、PART 2では単語の発音、PART 3では単語と単語のつながり、PART 4ではセンテンスの発音と、少しずつ難易度を上げながら発音力をみがいていきます。
　これからこの本のなかでは、**子音を強調することの大切さ**がくりかえされます。PART 3やPART 4で発音する内容が複雑になると、**ついついこのポイントを忘れがち**ですから注意しましょう。

2. 本文ページ

① このレッスンで学ぶこと
　レッスンで学ぶ内容を簡潔にまとめています。

② Say aloud! 声に出そう!
　実際に声に出して欲しい単語やフレーズを記しています。発音力をアップさせるためには、**自分で発音をしてみることが肝心**。声に出して、発音を体感しましょう。

③ Listen! 聞いてみよう!
　英語ネイティブや日本語ネイティブの発音を聞きましょう。

3STEPトレーニング

本書では、日本人の発音の特徴を理解しながら、英語ネイティブの発音をマスターするために、3 STEPでトレーニングします。

④ STEP 1 比べよう！

典型的な日本語ネイティブの発音と英語ネイティブの発音を聞き比べ、**どんな違いがあるか**を理解しましょう。音声では、はじめに日本語ネイティブの発音、つづいて英語ネイティブの発音が流れます。

⑤ STEP 2 コツをつかもう！

発音のコツを紹介しています。文章を読んだだけでは、なかなかコツはつかめません。**かならず音声を聞きましょう。**

⑥ STEP 3 練習しよう！

STEP 1と2をふまえ、音声のあとにつづいて練習しましょう。紹介している発音方法が自然と出てくるまでくりかえすことが大切です。また、**自分の声を録音して聞き、ネイティブの発音と聞き比べることも**有効です。

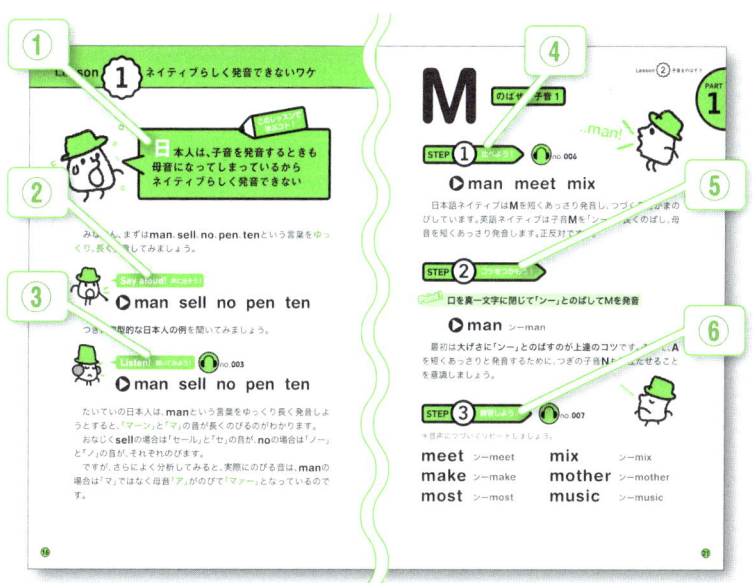

レッスンをはじめるまえに

　本格的な発音のレッスンに入るまえに、なぜ英語ネイティブスピーカーのように流暢に発音するのが難しいのか、きれいな発音を身につけるためには、なにをどのように練習すればいいのかをいっしょに考えてみましょう。

日本語のせいでうまく発音できない！？

　みなさんは英語の発音をどのように練習していますか？一般的な発音の学習法としては、たとえば発音記号にそって1つ1つの発音を練習するというものがあります。

　けれども、こうした学習方法は、**母国語の影響を考えていない**ものがほとんどです。

　おなじ発音記号の音でも、その人の母国語によって発音は変わってしまいます。日本人なら日本語の影響をうけ、発音記号どおりの音を再現するのは難しいのです。

> 日本人は、母国語である日本語の発音の特徴に引っ張られて、英語をうまく発音できない

　このポイントをおさえ、本書では、日本語ネイティブスピーカーであるみなさんにとって効率的な英語発音法を紹介します。発音記号に詳しい方も、**発音記号のことは一度忘れて**のぞんでみてください。

日本人のための発音メソッド

　また、日本人と欧米人では、**言葉を話すときに使う顔や舌の筋肉も異なります。**このことを無視して、ネイティブとおなじ発音をしようとしても、そう簡単にできるものではありません。

　本書で紹介するメソッドは、ネイティブの口や舌の動きを完全にまねようというものではありません。日本人が発音するときの特徴を生かした方法ですから、日本人でも無理なく身につけることができます。

英語は子音が約8割！

　日本語ネイティブのみなさんは、まず日本語と英語の音声の違いをしっかり理解することが必要です。
　自然なスピードの日常会話で、英語と日本語における音声上のもっとも目立った違いは、母音と子音の割合です。

　母音と子音とはなにかをごく簡単に説明しておきましょう。母音は「ア・イ・ウ・エ・オ」の音のこと。一方、子音とは、母音以外の音を指します。

　日本語の音は、約60パーセントが母音で構成されています。
　日本語は、ア行以外の音は母音と子音のセットでできています。たとえば、カ行をローマ字で書いてみると、**ka**、**ki**、**ku**、**ke**、**ko**というように、子音**K**と母音でできているのがわかりますね（ただし、「ン」は例外です）。

　母音が約6割の日本語に対して、英語は母音が全体の2割弱を占めるに過ぎません。
　つまり、**英語は日本語に比べ母音が抑えられている**のです。これはすなわち、英語は子音が約8割を占め、子音が強調されているということになります。

> 日本語は子音の割合が4割に過ぎないが、英語は子音が8割を占める！

ラムネとレモネードはおなじもの？

では**子音が強調された発音**とは、いったいどういったものなのか、例をみてみましょう。

英語ネイティブの会話を聞いて、そのまま日本語に入ってきた言葉があります。
ラムネや**ワイシャツ**、**デブ（デブチン）**、メリケン粉の**メリケン**、焼肉や焼き鳥でおなじみの**タン**や**ハツ**は、じつは昔の日本人が英語の単語を耳から聞いて日本語に取りこんだものなのです。

下の表は、もともとの英単語から、日本語に取りこまれたときの変化を示しています。

Listen! 聞いてみよう! no.002

英単語		子音	日本語
lemonade	レモネード	▶ lmn(d)	▶ ラムネ
white shirts	ホワイトシャツ	▶ wh(t)shrts	▶ ワイシャツ
double chin	ダブルチン、「二重あご」の意	▶ dblchn	▶ デブチン
American	アメリカン	▶ mrcn	▶ メリケン
hearts	ハーツ、「心臓」の意	▶ hrts	▶ ハツ
tongue	タング、「舌」の意	▶ tn(g)	▶ タン
four ball	フォーボール	▶ frbll	▶ フォアボール
milk shake	ミルクシェイク	▶ mlkshk	▶ ミルクセーキ

いまではラムネとレモネードは違う飲み物ですが、もともとラムネは**lemonade**からきているんですね。
　どの単語も、子音が強調された英語の音をそのまま取りこんでいるわけです。
　英語の発音では、それだけ子音が強調されていることがよくわかります。

子音がキマればうまくいく

　日本語ネイティブスピーカーは、**英語をA・E・I・O・Uの母音を強調**して発音しがちです。これが日本人特有の英語発音のクセといえます。
　日本語では、母音が6割を占めているのですから、母音を強調してしまうのは当然でしょう。

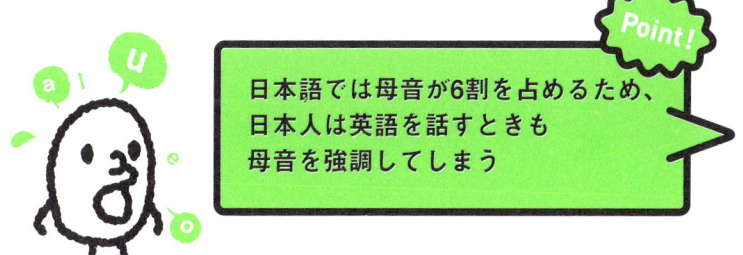

Point!
日本語では母音が6割を占めるため、日本人は英語を話すときも母音を強調してしまう

　日本語ネイティブと英語ネイティブの発音の特徴と違いをふまえると、日本人が英語ネイティブのように発音するためには、**母音を抑えて、子音を強調することが大切**だということになりますね。

Point!

英語発音は子音がキマればうまくいく！

　これが本書に一貫するテーマであり、本書でつたえたいもっとも重要なことです。

　このポイントを軸に、日本語と英語の発音の違いや、英語ネイティブのように発音する方法をこれから1つ1つわかりやすく説明し、練習していきます。

では、レッスンをはじめましょう！

Lesson 1　ネイティブらしく発音できないワケ

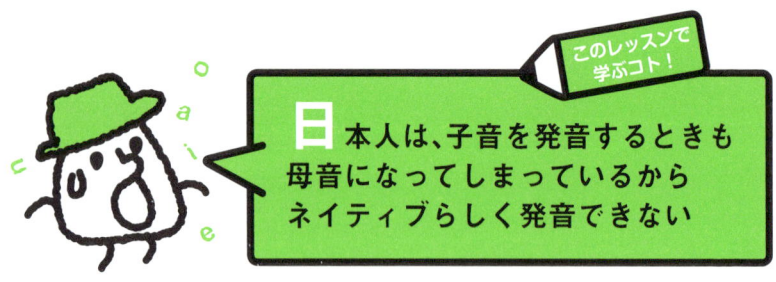

日本人は、子音を発音するときも母音になってしまっているからネイティブらしく発音できない

みなさん、まずは **man**、**sell**、**no**、**pen**、**ten** という言葉をゆっくり、長く発音してみましょう。

つぎに**典型的な日本人の例**を聞いてみましょう。

　たいていの日本人は、**man** という言葉をゆっくり長く発音しようとすると、「マーン」と「マ」の音が長くのびるのがわかります。
　おなじく **sell** の場合は「セール」と「セ」の音が、**no** の場合は「ノー」と「ノ」の音が、それぞれのびます。
　ですが、さらによく分析してみると、実際にのびる音は、**man** の場合は「マ」ではなく母音「ア」がのびて「マァー」となっているのです。

おなじように、**sell**の場合、「セ」ではなく「エ」がのびて「セェー」に、**no**の場合は「ノ」ではなく「オ」がのびて「ノォー」になっています。

それぞれ、「ア」、「エ」、「オ」と、母音がのびているんですね。**pen**、**ten**の場合も、やはり母音の「エ」がのびています。

「レッスンをはじめるまえに」でも説明したように、日本語では子音を発音する場合でも、母音とセットになって発音されるのです。

そのため子音は目立たず、母音が目立ちます。これが日本語の特徴です。日本語は、子音を単独で発音することは基本的にないのです(「ン」は例外です)。

> Point!
> 日本語では子音そのものをのばさない。
> 子音を発音するときも母音がのびるため、
> 子音は目立たない

日本語は母音中心の言葉。英語は子音が中心の言葉でしたね。

ですから、日本語ネイティブが英語を話す場合、母音をのばせばのばすほど、日本語的な発音になってしまうのです。

どうですか、だんだんわかってきましたね? **そう、**

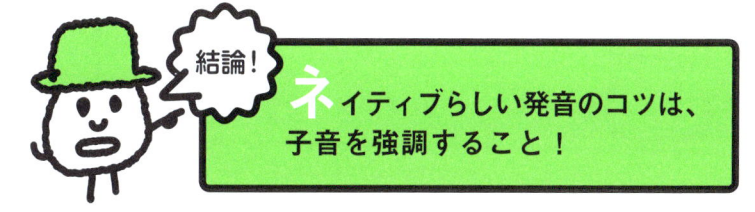

> 結論!
> **ネ**イティブらしい発音のコツは、
> 子音を強調すること!

つぎのレッスンでは、子音を強調するにはどうすればよいかを説明します。

Lesson 2　子音をのばそう

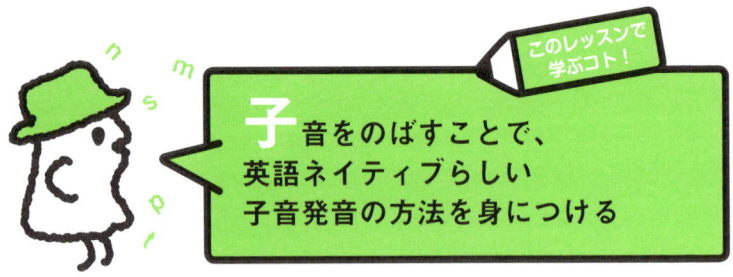

子音をのばすことで、英語ネイティブらしい子音発音の方法を身につける

　前回、**子音を強調することが英語の特徴**だとお話しました。
　ですが、いつも母音が中心の日本語を話しているみなさんが、突然「子音を強調して英語を話せ」と言われても、なんのことだかよくわかりませんよね。
　今回から、その方法を1つずつお話していきます。
　子音は発音の観点からみると、のばせる子音とのばせない子音に分けることができます。
　前回みなさんが聞いた**man**、**sell**、**no**、**pen**、**ten**の場合、**man**の**M**、**sell**の**S**、**no**の**N**はのばせる子音、**pen**の**P**、**ten**の**T**はのばせない子音です。

子音にはのばせる子音とのばせない子音がある

　ただし、この「子音をのばす」ということは、まえのレッスンでお話しした**子音をのばそうとしたときに、母音がのびてしまうこととは違います**。

母音をのばすのではなく、子音をのばせること、つまりMであれば「マァー」とのばすのではなく、**Mそのものをのばせる**ということです。Mならば**「ンー」とのばす**ことができます。

一方、Pは、母音をのばして「ペェー」と発音することはできますが、**Pだけをのばすことはできません**。Pは、「ペッ」や「プッ」などと**はねて爆発する音**なのです。

それぞれの発音を聞いてみましょう。

Listen! 聞いてみよう！  no.004

▶ のばせる子音　**M S N**
　のばせない子音　**P T**

Point! のばせない子音は、はねて爆発する音

そして、のばせる子音をもつ単語は、**その子音をのばすことで目立たせれば、ネイティブらしく発音できるようになる**のです。

では、早速ためしてみましょう。

Go to the Next!

Lesson 2 子音をのばそう

manの頭の**M**をのばし、「**ンーman**」と言ってみてください。
M(ンー)は**口を真一文字に閉じた状態**で発音します。

いかがですか？　たったこれだけですこしネイティブらしい発音になったと思いませんか。

Mをのばすことで一体なにが起きたのでしょうか。

語頭の子音をのばして発音することで、**子音を発音するときの口のかたちが維持されます。**

これで、**母音にひっぱられることなく**、子音が強調されたネイティブらしい発音が可能になるのです。

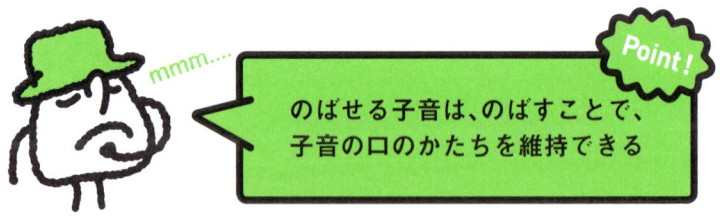

のばせる子音は、のばすことで、
子音の口のかたちを維持できる

それでは、のばせる子音を1つずつ練習していきましょう。ここでは、**M、N、S/C、F/Ph、Sh**の5種類の発音を練習します。

音のトレーニングは、3段階で進めます。STEP 1で日本語ネイティブと英語ネイティブの発音を聞き比べ、日本人発音のなにが問題なのかを理解します。STEP 2で発音のコツをつかみ、STEP 3は練習です！

Lesson ②　子音をのばそう

PART 1

M のばせる子音1

STEP ① 比べよう！ 🎧 no.006

▶ man meet mix

日本語ネイティブは**M**を短くあっさり発音し、つづく母音がまのびしています。英語ネイティブは子音Mを「ンー」と長くのばし、母音を短くあっさり発音します。正反対ですね。

STEP ② コツをつかもう！

Point! 口を真一文字に閉じて「ンー」とのばしてMを発音

▶ man ンーman

最初は**大げさに「ンー」とのばすのが上達のコツ**です。そして、**A**を短くあっさりと発音するために、つぎの**子音Nも目立たせること**を意識しましょう。

STEP ③ 練習しよう！ 🎧 no.007

＊音声につづいてリピートしましょう。

meet ンーmeet　　　　**mix** ンーmix
make ンーmake　　　　**mother** ンーmother
most ンーmost　　　　**music** ンーmusic

 no.008

▶ not name neck

日本語ネイティブは**N**をあっさり発音し、つづく母音がまのびしています。英語ネイティブは子音**N**を「ンー」と長くのばし、母音を短くあっさり発音します。

STEP 2 コツをつかもう！

▶ not ンーnot

最初は**大げさに「ンー」とのばします**。**O**を短くあっさりと発音するために、つぎの子音**T**も目立たせることを意識しましょう。

STEP 3 練習しよう！ no.009

name ンーname	**neck** ンーneck
new ンーnew	**night** ンーnight
none ンーnone	**north** ンーnorth

C/S のばせる子音3

Lesson 2 子音をのばそう　PART 1

STEP 1 比べよう！ 🎧 no.010

▶ city　center　sat

日本語ネイティブは**C**や**S**をあっさり発音し、つづく母音がまのびしています。英語ネイティブは子音**C**や**S**を「スー」と長くのばし、母音を短くあっさり発音します。

STEP 2 コツをつかもう！

Point! 上下の前歯を合わせ、「スー」と空気の抜けるような音をのばしてCやSを発音

▶ city　スーcity

最初は**大げさに「スー」とのばします**。Iを短くあっさり発音するために、つぎの子音**T**も目立たせることを意識しましょう。

STEP 3 練習しよう！ 🎧 no.011

center	スーcenter	**sat**	スーsat
salt	スーsalt	**same**	スーsame
sand	スーsand	**sing**	スーsing

㉓

F/Ph のばせる子音4

STEP 1 比べよう！ 🎧 no.012

▶ fun feet phone

　日本語ネイティブは**F**や**Ph**をあっさり発音し、つづく母音がまのびしています。英語ネイティブは子音**F**や**Ph**を「フー」と長くのばし、母音を短くあっさり発音します。

STEP 2 コツをつかもう！

Point! 下唇に上の前歯をつけ、フーと空気の抜けるような音をのばしてFやPhを発音

▶ fun　フーfun

　最初は**大げさに「フー」**とのばします。**U**を短くあっさり発音するために、つぎの子音**N**も目立たせることを意識しましょう。

STEP 3 練習しよう！ 🎧 no.013

feet フーfeet	**phone** フーphone
fill フーfill	**fine** フーfine
finger フーfinger	**photo** フーphoto

 のばせる子音5

Lesson 2 子音をのばそう

PART 1

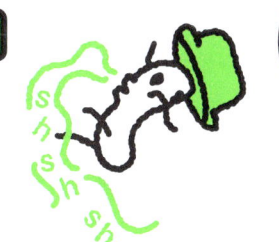

STEP 1 比べよう！  no.014

▶ shop shake ship

日本語ネイティブは**Sh**をあっさり発音し、つづく母音がまのびしています。英語ネイティブは子音**Sh**を「シー」と長くのばし、母音を短くあっさり発音します。

STEP 2 コツをつかもう！

Point! 口をウのかたちにして「シー」と空気が抜けるような音をのばしてShを発音

▶ shop シーshop

最初は**大げさに「シー」とのばします**。**O**を短くあっさり発音するために、つぎの子音**P**も目立たせることを意識しましょう。

STEP 3 練習しよう！  no.015

shake シーshake   **ship** シーship
sheep シーsheep   **short** シーshort
should シーshould   **show**   シーshow

Lesson 3 子音を爆発させよう

このレッスンで学ぶコト！

子音を爆発させることで、英語ネイティブらしい音をつくる

　前回のレッスンで、**PとTはのばせない子音**だとお話ししました。**PやT**は、母音をつければ「プゥー」「トゥー」などとのばすことができますが、**PやTだけではのばすことはできません**。これらは、「プッ」「トッ」と、ツバが飛びそうな勢いで、爆発させる音なのです。

　爆発させる子音をもう一度聞いてみましょう。はじめに英語ネイティブの発音、つづいて典型的な日本語ネイティブの発音を聞いてください。

Listen! 聞いてみよう！ 🎧 no.016

▶ P　T
　pen　take

　日本人の場合、penを「ペ」と「ン」の2つの音で発音しているのがわかります。
　爆発させる子音を英語ネイティブらしく発音しようとするときは、3つの音のイメージをもつのがコツです。
　つまり、「ペ」を「プ」と「ェ」の2つに分け、「プ」「ェ」「ン」と発音するのです。

一方、**take**の場合、日本人は「テ」「イ」「ク」と発音しますが、ネイティブらしく発音するには、「テ」を「トゥ」と「エ」の2つの音に分けて発音します。

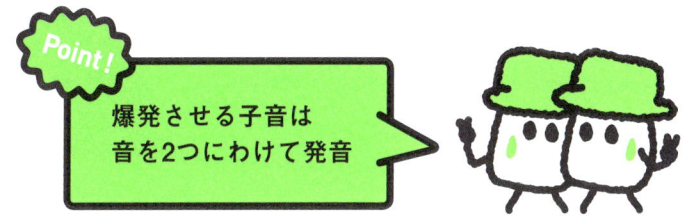

爆発させる子音は音を2つにわけて発音

この点を意識して、もう一度ネイティブの発音を聞いてみましょう。

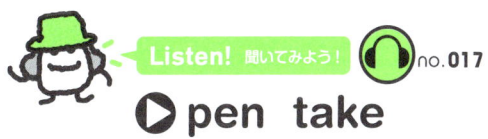

Listen! 聞いてみよう！ no.017

▶ pen　take

どうですか？　英語ネイティブの発音は、**P**や**T**が母音の「エ」にひっぱられることなく、子音が目立って聞こえますね。

それでは、爆発させる子音の練習をしていきましょう。
爆発させる子音の感覚をつかむために、語頭の子音を2度言ってから発音してみましょう。
こうすることで、母音の口のかたちになるのを防ぐことができます。そして、子音の口のかたちを維持して、しっかりと音を爆発させることができるのです。

Lesson 3 子音を爆発させよう

Point！ 爆発させる子音は、2度言ってから発音すると子音の口のかたちを維持できる

　のばせる子音も爆発させる子音も、意識して練習をつづけると、**だんだんみなさんの上唇が動いてきます**。これも、英語ネイティブの口の動きの特徴です。

　テレビや映画などで、英語ネイティブがしゃべっているところを観察してみましょう。日本人と比べると上唇がよく動くのがわかると思います。日本人が話す場合、上唇はほとんど動かないのです。

　それでは、爆発させる子音**P**、**T**、**B**、**Ch**、**C/K**、**D**、**G**、**J**、**V**、**Z**をそれぞれ練習していきましょう。

P

爆発させる子音1

STEP 1 比べよう！ no.018

▶ pen　panic　page

　日本語ネイティブは、子音**P**を短くあっさり発音し、つづく母音がまのびしています。英語ネイティブの**P**は、爆発・強調された短い音です。

STEP 2 コツをつかもう！

Point! スイカの種を吐き出すように、口先で「プ」と爆発させてPを発音

▶ **pen**　プ・プ・プェン

　「ペ」「ン」ではなく、**pe**を「プ」「ェ」と2つの音に分け、「プ」「ェ」「ン」と3つの音で発音します。「プ」「プ」と2度言ってから**P**を発音すると爆発させやすくなります。

STEP 3 練習しよう！ no.019

＊音声につづいてリピートしましょう。

panic　プ・プ・プァニック　　**page**　プ・プ・プェイジ
Peter　プ・プ・プィーター　　**pick**　プ・プ・プィック
pop　　プ・プ・プォップ　　　**put**　　プ・プ・プゥットゥ

T 爆発させる子音2

STEP 1 比べよう！ no.020

▶ **time　take　talk**

日本語ネイティブは、子音**T**を短くあっさり発音し、つづく母音がまのびしています。英語ネイティブの**T**は、爆発・強調された短い音です。

STEP 2 コツをつかもう！

Point! 前歯の上下を閉じ、前歯の裏に舌をあて、「トゥ」と爆発させてTを発音

▶ **time** トゥ・トゥ・トゥアィム

「タ」「イ」「ム」ではなく、**ti**を「トゥ」「ア」「ィ」と3つの音に分け、「トゥ」「ア」「ィ」「ム」と発音します。「トゥ」「トゥ」と2度言ってから**T**を発音すると爆発させやすくなります。

STEP 3 練習しよう！ no.021

take トゥ・トゥ・トゥエィク　　**talk** トゥ・トゥ・トゥオーク
ten トゥ・トゥ・トゥエン　　　　**toe** トゥ・トゥ・トゥオ
tone トゥ・トゥ・トゥオーン　　**tune** トゥ・トゥ・トゥユーン

 Lesson 3 子音を爆発させよう

PART 1

B 爆発させる子音3

STEP 1 比べよう！ 🎧 no.022

▶ bell　best　baby

　日本語ネイティブは、子音**B**を短くあっさり発音し、つづく母音がまのびしています。英語ネイティブの**B**は、爆発・強調された短い音です。

STEP 2 コツをつかもう！

Point! 上唇と下唇で「ブ」と爆発させてBを発音

▶ bell　ブ・ブ・ブェル

　「ベ」「ル」ではなく、**be**を「ブ」「ェ」と2つの音に分け、「ブ」「ェ」「ル」と3つの音で発音します。「ブ」「ブ」と2度言ってから**B**を発音すると爆発させやすくなります。

STEP 3 練習しよう！ 🎧 no.023

best ブ・ブ・ブェスト	**baby** ブ・ブ・ブェイビィ
bar ブ・ブ・ブァー	**bicycle** ブ・ブ・ブァイスィクル
bite ブ・ブ・ブァイトゥ	**bone** ブ・ブ・ブォーン

爆発させる子音4

 比べよう！ no.024

▶ chin　chip　check

日本語ネイティブは、子音**Ch**を短くあっさり発音し、つづく母音がまのびしています。英語ネイティブの**Ch**は、爆発・強調された短い音です。

 コツをつかもう！

Point! 口をひょっとこのようにとがらせ、「チィ」と爆発させて**Ch**を発音

▶ chin　チィ・チィ・チィイン

「チ」「ン」ではなく、**chi**を「チィ」「イ」と2つの音に分け、「チィ」「イ」「ン」と3つの音で発音します。「チィ」「チィ」と2度言ってから**Ch**を発音すると爆発させやすくなります。

 練習しよう！ no.025

chip	チィ・チィ・チィイップ	**check**	チィ・チィ・チィエック
change	チィ・チィ・チィエンジ	**cheese**	チィ・チィ・チィイーズ
cherry	チィ・チィ・チィエゥリィー	**child**	チィ・チィ・チィアイルド

C/K

Lesson 3 子音を爆発させよう

爆発させる子音5

PART 1

STEP 1 比べよう！ 🎧 no.026

▶ **come cake kick**

日本語ネイティブは、子音CやKを短くあっさり発音し、つづく母音がまのびしています（**come**なら「アー」とのびる）。英語ネイティブのCやKは、爆発・強調された短い音です。

STEP 2 コツをつかもう！

Point! 「ク」と爆発させてCやKを発音。上下の歯を噛み合わせると、爆発させやすい

▶ **come**　ク・ク・クァム

「カ」「ム」ではなく、**co**を「ク」「ァ」と2つの音に分け、「ク」「ァ」「ム」と3つの音で発音します。「ク」「ク」と2度言ってからCやKを発音すると爆発させやすくなります。

STEP 3 練習しよう！ 🎧 no.027

cake　ク・ク・クェイク
carpet　ク・ク・クァペット
count　ク・ク・クァウント

kick　ク・ク・クィック
cook　ク・ク・クゥック
Ken　ク・ク・クェン

D 爆発させる子音6

STEP 1 比べよう！ 🎧 no.028

▶ dog dash deliver

日本語ネイティブは、子音**D**を短くあっさり発音し、つづく母音がまのびしています。英語ネイティブの**D**は、爆発・強調された短い音です。

STEP 2 コツをつかもう！

Point! 「ドゥ」と爆発させてDを発音。上下の歯を噛み合わせると、爆発させやすい

▶ **dog** ドゥ・ドゥ・ドゥオッグ

「ドッ」「グ」ではなく、**do**を「ドゥ」「オッ」と2つの音に分け、「ドゥ」「オッ」「グ」と3つの音で発音します。「ドゥ」「ドゥ」と2度言ってから**D**を発音すると爆発させやすくなります。

STEP 3 練習しよう！ 🎧 no.029

dash ドゥ・ドゥ・ドゥアッシュ   **deliver** ドゥ・ドゥ・ドゥエリヴァー
dance ドゥ・ドゥ・ドゥアンス   **diving** ドゥ・ドゥ・ドゥアイヴィング
down ドゥ・ドゥ・ドゥアウン   **dust** ドゥ・ドゥ・ドゥアスト

Lesson 3　子音を爆発させよう

G

爆発させる子音7

PART 1

STEP 1　比べよう！　🎧no.030

▶ god　garden　gift

　日本語ネイティブは、子音**G**を短くあっさり発音し、つづく母音がまのびしています。英語ネイティブの**G**は、爆発・強調された短い音です。

STEP 2　コツをつかもう！

Point!「グ」と爆発させてGを発音。上下の歯を噛み合わせると、爆発させやすい

▶ **god**　グ・グ・グォッド

　「ゴッ」「ド」ではなく、**go**を「グ」「ォッ」と2つの音に分け、「グ」「ォッ」「ド」と3つの音で発音します。「グ」「グ」と2度言ってから**G**を発音すると爆発させやすくなります。

STEP 3　練習しよう！　🎧no.031

garden	グ・グ・グァーデン	**gift**	グ・グ・グィフトゥ
get	グ・グ・グェットゥ	**go**	グ・グ・グォー
good	グ・グ・グゥッドゥ	**guess**	グ・グ・グェス

35

J

爆発させる子音8

STEP 1 比べよう！ no.032

▶ jam join just

日本語ネイティブは、子音Jを短くあっさり発音し、つづく母音がまのびしています。英語ネイティブのJは、爆発・強調された短い音です。

STEP 2 コツをつかもう！

Point! 「ジュ」と爆発させてJを発音。上下の歯を噛み合わせると、発音しやすい

▶ **jam** ジュ・ジュ・ジュァム

「ジャ」「ム」ではなく、**ja**を「ジュ」「ァ」と2つの音に分け、「ジュ」「ァ」「ム」と3つの音で発音します。「ジュ」「ジュ」と2度言ってからJを発音すると爆発させやすくなります。

STEP 3 練習しよう！ no.033

join	ジュ・ジュ・ジュオィン	**just**	ジュ・ジュ・ジュアストゥ
Japan	ジュ・ジュ・ジュァプァン	**jet**	ジュ・ジュ・ジュエットゥ
Jim	ジュ・ジュ・ジュィム	**juice**	ジュ・ジュ・ジュゥース

V

爆発させる子音 9

Lesson 3 子音を爆発させよう

PART 1

STEP 1 比べよう！ 🎧 no.034

▶ very vacation voice

日本語ネイティブは、子音Vを短くあっさり発音し、つづく母音がまのびしています。英語ネイティブのVは、爆発・強調された短い音です。

STEP 2 コツをつかもう！

Point! 上前歯を下唇にあて「ヴ」と爆発させVを発音

▶ very ヴ・ヴ・ヴェリイ

「ベ」「リ」「イ」ではなく、**ve**を「ヴ」「ェ」と2つの音に分け、「ヴ」「ェ」「リ」「イ」と発音します。「ヴ」「ヴ」と2度言ってからVを発音すると爆発させやすくなります。

STEP 3 練習しよう！ 🎧 no.035

vacation	ヴ・ヴ・ヴァケシュン	**voice**	ヴ・ヴ・ヴォィス
value	ヴ・ヴ・ヴァリュー	**victory**	ヴ・ヴ・ヴィクトゥリィー
vinegar	ヴ・ヴ・ヴィネガー	**volleyball**	ヴ・ヴ・ヴォリーボール

Z

爆発させる子音 10

STEP 1 比べよう！ 🎧 no.036

▶ **zone　zip　zero**

日本語ネイティブは、子音Zを短くあっさり発音し、つづく母音がまのびしています。英語ネイティブのZは、爆発・強調された短い音です。

STEP 2 コツをつかもう！

Point! 上前歯と下前歯を合わせ「ズ」と爆発させZを発音

▶ **zone**　ズ・ズ・ズォーン

「ゾー」「ン」ではなく、zoを「ズ」「オー」と2つの音に分け、「ズ」「オー」「ン」と3つの音で発音します。「ズ」「ズ」と2度言ってからZを発音すると爆発させやすくなります。

STEP 3 練習しよう！ 🎧 no.037

zip	ズ・ズ・ズィップ	**zero**	ズ・ズ・ズェロ
zeal	ズ・ズ・ズィール	**zebra**	ズ・ズ・ズェブラ
zigzag	ズ・ズ・ズィグズァグ	**zodiac**	ズ・ズ・ズォディアック

Lesson 3 子音を爆発させよう

PART 1

　今回のレッスンでは、爆発させる音が単語の頭にくる場合だけを練習しました。しかし、単語の2字目以降に爆発させる子音がくる場合、その子音は冒頭に位置するときよりも短くなります。
　PART 2以降の単語のトレーニングでは、この点も意識して練習するとよいでしょう。

Lesson 4 日本人が誤解している子音をなおそう

このレッスンで学ぶコト！

日本人が誤解している
R、L、W、Y、H、Thの発音をなおす

このレッスンでは、<u>日本人が誤解している子音</u>の発音練習をしていきましょう。

まずつぎの単語を発音してみてください。

Say aloud! 声に出そう！

▶ red long wear year
　this have

つづいて、典型的な日本人の発音を聞いてみましょう。

Listen! 聞いてみよう！ 🎧 no.038

▶ red long wear year
　this have

これらの単語を発音するとき、**日本語ネイティブは、R**を「レ」、**W**を「ウ」、**L**を「ロ」、**Y**を「イ」と発音しています。また**Th**はつづく母音にひっぱられた発音になり、**H**は「ハ」と発音されています。こうした日本語的な発音は、ネイティブの英語発音とまったく異なります。

では、それぞれネイティブらしい発音をするためのコツを解説していきましょう。

Lesson 4 日本人が誤解している子音をなおそう

PART 1

R

日本人が誤解している子音1

Rの発音は、「舌を口のなかで丸めて、どこにもつかないように発音する」と、聞いたことがあるでしょう。参考書などで、Rを発音するときの舌の図を見た方も多いと思います。

たしかに、英語ネイティブは舌を巻いて発音しています。ネイティブが舌を巻くことには理由があります。それは、舌の動きを止めるためなのです。

ネイティブが英語を話すとき、通常口のなかで舌が動きまわります。**ですがRを発音するときは、舌は動きません。**ネイティブは、舌の動きを殺すために舌を巻くのです。

> **Point!**
> Rを発音するときに、英語ネイティブは
> 舌の動きを殺すために舌を巻いている

しかし**日本人は、ラリルレロとタ行の一部など以外はあまり舌を使いません。**ですから、日本語ネイティブは、Rを発音する際にわざわざ舌を丸めて動きを殺す必要がないのです。

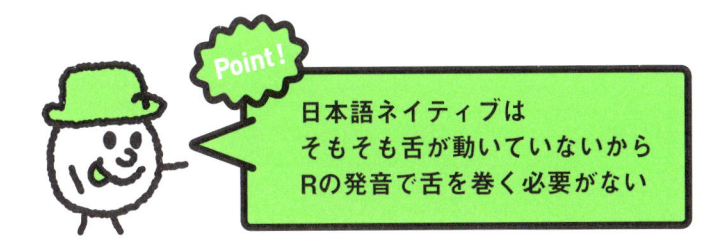

> **Point!**
> 日本語ネイティブは
> そもそも舌が動いていないから
> Rの発音で舌を巻く必要がない

ではRの発音を聞き比べてみましょう。

STEP 1 比べよう！ 🎧 no.039

▶ red restaurant right

　日本語ネイティブは、**R**を短くあっさり発音し、つづく母音がまのびしています。英語ネイティブの発音は**R**のはじめを「ウー」と長くのばしています。そして、つづく母音を短くあっさりと発音します。

STEP 2 コツをつかもう！

Point! Rのまえに「ウ」をつけて発音

▶ red ゥred

　ウを加えることで**R**の口のかたちができ、子音を目立たせることができます。

STEP 3 練習しよう！

① 🎧 no.040

＊音声につづいてリピートしましょう。

restaurant ゥrestaurant	**right** ゥright
read ゥread	**rice** ゥrice
rose ゥrose	**run** ゥrun

②

　Aのあとにくる**R**は、単に**A**をのばすだけの役割になります。この場合、「ウ」は加えません。

Lesson 4 日本人が誤解している子音をなおそう

PART 1

▶ **car** カアー

③

単語の途中にある**R**のまえでも「ウ」と発音すると、とてもネイティブらしくなります。

cross cウross　　**crying** cウrying
straight stウraight　**stress** stウress
string stウring　　**tomorrow** tomorウrow

④

Rが重なる場合は、2つ目の**R**のまえに「ウ」を入れます。

▶ **arrive** arウrive
▶ **marry** marウry
▶ **worry** worウry

⑤

最後に**R**がくる場合も「ウ」と発音します。

▶ **actor** actorウ
▶ **carpenter** carpenterウ
▶ **spider** spiderウ

W

日本人が誤解している子音2

STEP 1 比べよう！ 🎧 no.041

▶ **wear want when**

　日本語ネイティブの場合、**W**は「ウ」と短く発音しがちです。たとえば**wear**の場合、**W**の「ウ」が短くて目立たないのですが、母音の「エア」は強調されます（「ゥエアー」となる）。一方、英語ネイティブの発音は、**W**がしっかりのびて目立っていますね。

STEP 2 コツをつかもう！

Point! Wは「ウー」と長くのばして発音

▶ **wear**　ウーwear

　Wはもともと**U**が2つということ。そう、**ダブルUなのです**。ですから**W**はその分「ウー」と長くのばすことで、ネイティブらしく発音ができます。

STEP 3 練習しよう！

① 🎧 no.042

want	ウーwant	**when**	ウーwhen
will	ウーwill	**window**	ウーwindow
where	ウーwhere	**wood**	ウーwood

②

単語の途中にある**W**も「ウー」と長く発音することで、ネイティブらしくなります。

- **shower** shoウーwer
- **switch** sウーwitch
- **town** toウーwn

③

単語の最後にくる**W**も「ウー」と長くのばしましょう。

- **new** newウー
- **show** showウー
- **slow** slowウー

Rと**W**の発音を気をつけると、英語に表情が出てきます！

L

日本人が誤解している子音3

STEP 1 比べよう！ no.043

▶ **long　light　leave**

　英語ネイティブが**L**を発音する場合、舌を前歯の裏の、歯のつけ根に押しつけ、長く「ルー」と発音します。
　ですが、日本語ネイティブが**L**を発音する場合、普段舌の筋肉を使い慣れていないため、**舌に力が入らずLが目立ちません。**このため、**L**のつぎにくる母音に頼って発音することになり、母音が目立ってしまいます。
　舌の筋肉が発達していない日本語ネイティブにとって、前歯の後ろに舌を押しつけるのはとても困難なのです。

STEP 2 コツをつかもう！

Point! Lは上下の前歯を噛みあわせ、「ルー」とのばして発音

▶ **long** ルーlong

　前歯を噛みあわせることで、舌に力が入りやすくなり、しっかりと前歯の裏に舌を押しつけることができます。
　人によっては、前歯を噛みあわせるというより奥歯を噛みあわせたり、下あごを少しまえに出したり舌に力が入りやすくなります。一番やりやすい方法で舌をサポートしてください。

Lesson 4 日本人が誤解している子音をなおそう

PART 1

STEP 3 練習しよう！

① no.044

light ルーlight
late ルーlate
listen ルーlisten

leave ルーleave
let ルーlet
look ルーlook

②

単語の途中にある**L**も「ルー」と長く発音することで、ネイティブらしくなります。

▶ **black** bルーlack
▶ **plan** pルーlan
▶ **slope** sルーlope

③

単語の最後にくる**L**も「ルー」と長くのばすイメージで発音します。

▶ **all** aルー
▶ **pal** paルー
▶ **tell** teルー

Y

日本人が誤解している子音4

STEP ①　比べよう！　🎧 no.045

▶ ear　year

　英語ネイティブが**Y**を発音する場合、口を横に引っ張り「イー」と長く発音します。これは**日本語の母音「イ」とほぼ同じ音です。**

　しかし、たとえば**year**を発音する場合、日本人は口を横に引っ張りません。すると、**ear**との区別がつかなくなってしまいます。**ear**の場合は、口は横に引っ張らずに「イァー」と発音するのです。

STEP ②　コツをつかもう！

Point! Yは思いきり口を横に引っ張って「イー」とのばして発音

▶ year　イーyear

　こうすることで、**Y**の口のかたちをつくってから発音できるため、**E**との区別が明確になります。

STEP 3 練習しよう！

① no.046

yard イーyard　　**yellow** イーyellow
yen イーyen　　**yes** イーyes
you イーyou　　**young** イーyoung

youは、「ユー」ではなく、「イウ」と発音するとネイティブらしくなります！

②

単語の最後にくるYも「イー」と長く発音することで、ネイティブらしくなります。

▶ **cry** cryイー
▶ **Monday** Mondayイー
▶ **sorry** sorryイー

Th

日本人が誤解している子音 5

STEP 1 比べよう！ 🎧 no.047

▶ this　that　think　there

　日本語ネイティブの発音は母音に頼るため、**this**は「ディース」、**that**は「ザアット」、**think**は「シィンク」、**there**は「ゼア」と母音がまのびしています。
　一方、英語ネイティブの発音はまばたきのようなすばやさで、母音がのびることはありません。

STEP 2 コツをつかもう！

Point! Thはまばたきのようにすばやく発音

▶ this （すばやく！）

　すばやく発音することで、下あごの動きを減らすことができます。**Th**にかぎらず、日本語は発音するときに下あごが動くのに対し、英語ネイティブの発音では下あごは動きません。
　ですから、すばやく発音することで下あごの動きを止めれば、ネイティブらしい発音になるのです。鏡のまえで、下あごの動きを見ながら練習するのも有効ですよ。

Lesson 4 日本人が誤解している子音をなおそう

PART 1

STEP 3 練習しよう！

① 🎧 no.048

that (すばやく！)　　**think** (すばやく！)
there (すばやく！)　　**they** (すばやく！)
third (すばやく！)　　**thumb** (すばやく！)

②

Thは、単語だけでは発音がむずかしいので、センテンスで練習しましょう（ほかの単語と音の長さを比べられるので、**Th**を含む単語の発音の長さがわかりやすくなり、練習しやすくなります）。

▶ **This is a pen.**

▶ **That's right.**

▶ **They speak English.**

▶ **I think so.**

▶ **There is a dog.**

▶ **He is all thumbs.**
　彼は不器用だ。（**thumb**＝親指）

▶ **I'm through with love.**
　もう恋なんてうんざりだ！

51

H

日本人が誤解している子音 6

STEP 1 比べよう！ no.049

▶ have him here his

Hに関しては、日本語ネイティブのほうが、英語ネイティブよりもアクセントが強くなっています。

日本語ネイティブは、**have**は「ハブ」、**him**は「ヒム」、**here**は「ヒア」、**his**は「ヒズ」と、**H**をハ行で発音します。一方、英語ネイティブの発音は、「ハ」と「ア」のあいだくらいの音です。

STEP 2 コツをつかもう！

Point! Hは「ハ」と「ア」の中間の音で弱く発音

▶ have ハァブ

Hは、あまりはっきり発音せず、あいまいな音をイメージするといいでしょう。

Thと**H**は、上級者でも発音が難しい音です。あせらずにゆっくり練習しましょう。

STEP 3 練習しよう！

① no.050

him ヒィム
his ヒィズ
hip ヒィップ

here ヒィア
heavy ヘェヴィー
home ホォム

②

Hは文のなかではすこし変わった役割をします。それは音をのばす性質です。

たとえば、「太郎」という名前をアルファベットで**Taro**と書くと、英語ネイティブは、「タロ」と短く発音してしまいます。

これを「タロー（タロウ）」と日本語らしく発音して欲しいときは、うしろに**H**をつけて**Taroh**と書きます。

> **Point!** Hには音をのばす性質がある

また、単語の先頭に**H**がある場合、まえの単語にくっついて音をのばします。

I like his dog. の場合、**his**の**h**が**like**について**like**の「ク」がわずかに長い音になります。

では、文中に**H**がある例を練習しましょう。

▶ I like his dog.
I like**h** is dog.

▶ Tell him.
Tell**h** im.

▶ Come here.
Come**h** ere.

▶ He is walking his dog.
He is walking**h** is dog.

▶ She has finished her report.
She**h** as finished**h** er report.

　これまでお話ししてきた子音の発音は、おもに子音が語頭にある場合の基本的な発音です。例外もありますし、単語のなかでは音が変わることがあります。たとえば、**music**の**S**のように、のばせる子音**S**は単語のなかでは爆発させる子音**Z**とおなじ発音になることがあります。

�55

Lesson 5 子音強調トレーニング

このレッスンで学ぶコト！

単語の子音だけを発音することで、子音をしっかり目立たせる

　PART 1では、おもに語頭の子音だけに着目して、トレーニングを行いました。本パートでは、単語に焦点をあてて練習していきましょう。

　やはり重要なのは、英語の発音で多数を占める子音を強調すること。今回は、単語の子音だけを発音するトレーニングを行い、ネイティブらしい発音を身につけます。

　たとえば、**mountain**であれば、子音のmntnだけを発音するのです。子音だけを発音することで、母音を弱めて子音をしっかり目立たせることができるようになります。

　基礎となるのは、すでに学習したそれぞれの子音の発音方法です。1つ1つの子音を意識して発音していきましょう。

　コツを忘れてしまった音があれば、まえにもどって復習することが大切ですよ。

　では、**mountain**を例にあげ、このレッスンでの重要なポイントを説明します。

mountain!

STEP 1 比べよう！ 🎧 no.051

▶ mountain mntn

　mountainの子音**mntn**を意識した発音です。最初に聞いていただいたのは、悪い例。こちらはのどの奥から声が出てしまっています。

　2番目の発音はよい例です。こちらは唇のあたりで声がひびいています。

　日本語ネイティブと英語ネイティブでは、声のひびく位置が違うわけです。この違いを知るには、実際に声を出して体感してみるのが一番です。つぎのステップでやってみましょう。

STEP 2 コツをつかもう！

Point! これまでの子音発音のポイントを意識することで、声をのどの奥ではなく、唇付近でひびかせる

　mountainの子音**mntn**の発音をカタカナで書いてみると、「ム・ン・トゥ・ン」。**m**と**n**はのばせる子音、**t**は爆発させる子音でしたね。このように、これまでのレッスンで学んだ子音のポイントに注意して、単語の子音だけを発音します。

　まず、**mountain**をふだん日本語でしゃべっているときとおなじように「マウンテン」と発音し、それから**mntn**を発音してみましょう。日本語っぽく「マウンテン」と発音した場合、声がひびく位置はのどの奥、一方mntnは口先で声がひびくのがわかるはずです。

▶ mountain

m(ム)**n**(ン)**t**(トゥ)**n**(ン)

Lesson 5 子音強調トレーニング

とはいえ、慣れないうちは、母音を抑えるのは難しいものです。

はじめは、**前歯の上下を噛み合わせたり、口を「ウ」のかたちにして**練習してみましょう。ぎこちないですが、こうすることで**下あごの動きが抑えられ**(p.50も参照)、唇のあたりで音がひびくのが感じられます。

STEP 3 練習しよう！

では、練習です。なお、**語頭の子音に比べると、2番目以降の子音は短くなります。**

① 初級編 🎧 no.052

子音の数が少なく、発音しやすい単語から練習していきましょう。

▶ much
m(ム)ch(チィ)

▶ queen
qu(クィ)n(ン)

＊**Qu**は爆発させる子音**C／K**とおなじ発音です。

▶ tough
t(トゥ)**gh**(フ)

＊**Gh**はのばせる子音**F／Ph**とおなじ発音です。このほかに**laugh**、**enough**、**cough**などの**Gh**も同様の発音です。

▶ before
b(ブィ)**f**(フ)**r**(ウ)

▶ cherry
ch(チェ)**rr**(ウ)**y**(イ)

▶ cinema
c(シ)**n**(ヌ)**m**(ム)

▶ device
d(ドゥ)**v**(ヴ)**c**(ス)

▶ family
f(フ)**m**(ム)**l**(ルー)**y**(イ)

▶ fancy
f(フ)**n**(ン)**c**(ス)**y**(イ)

▶ flood
f(フ)**l**(ルー)**d**(ドゥ)

▶ jacket
j(ジ)ck(クェ)t(トゥ)

＊Ckは爆発させる子音C／Kとおなじ発音です。ほかに、**bla**ck、**che**ck、**qui**ckなどがあります。

▶ limit
l(ルー)m(ム)t(トゥ)

▶ machine
m(ム)ch(シ)n(ン)

＊Chはのばせる子音Shとおなじ発音です。

▶ minute
m(ム)n(ヌ)t(トゥ)

▶ motion
m(ム)ti(シュ)n(ン)

＊Tiはのばせる子音Shとおなじ発音です。

▶ pepper
p(プェ)pp(パ)r(ウ)

Lesson 5 子音強調トレーニング

▶ season
s(ス)s(ズ)n(ン)

＊2番目の**s**は爆発させる子音**z**とおなじ発音です。

▶ supper
s(ス)pp(プ)r(ウ)

▶ sweet
s(ス)w(ウー)t(トゥ)

② 中級編　no.053

▶ benefit
b(ブ)n(ヌ)f(フ)t(トゥ)

▶ center
c(ス)n(ン)t(トゥ)r(ウ)

▶ cigarette
c(ス)g(グ)r(ウ)tt(トゥ)

▶ favorite
f(フ)v(ヴ)r(ウ)t(トゥ)

▶ filter
f(フ)l(ル)t(トゥ)r(ウ)

▶ grammar
g(グ)r(ウ)mm(ム)r(ー)

▶ license
l(ルー)c(ス)n(ン)s(ス)

▶ member
m(ム)m(ン)b(ブ)r(ウ)

▶ parcel
p(プ)r(ー)c(ス)l(ル)

▶ produce
p(プゥ)r(ウ)d(ドゥ)c(ス)

▶ question
qu(ク)s(ス)ti(チィ)n(ン)

＊**Qu**は、爆発させる子音**K**とおなじ発音です。**Ti**は爆発させる子音**Ch**とおなじ発音です。

▶ reform
r(ウリ)f(フ)r(ウ)m(ム)

▶ regard
r(ウリ)g(グ)r(ー)d(ドゥ)

▶ scratch
s(ス)c(ク)r(ウ)tch(チィ)

＊爆発させる子音**T**と**Ch**がつづく**tch**は、**T**を発音せず、**Ch**のみを「チィ」と発音します。このように爆発させる子音が重なると一方の音が消える場合があります（Lesson 9参照）。

▶ separate
s(ス)p(プ)r(ウレ)t(トゥ)

▶ swing
s(ス)w(ウー)n(ン)g(グ)

▶ thousand
th(スゥ)s(ズ)n(ン)d(ドゥ)

＊**S**は爆発させる子音**Z**とおなじ発音です。

▶ toward
t(トゥ)w(ウー)r(ー)d(ドゥ)

▶ waitress
w(ウー)t(トゥ)r(ウレ)ss(ス)

▶ weekend
w(ウー)k(ク)n(ン)d(ドゥ)

▶ charming
ch(チァ)r(ー)m(ム)n(ン)g(グ)

▶ children
ch(チィ)l(ル)d(ドゥ)r(ウレ)n(ン)

▶ commercial
c(ク)mm(ム)r(ウ)ci(シュ)l(ル)

＊Ciはのばせる子音Shとおなじ発音です。

▶ concert
c(ク)n(ン)c(ス)r(ウ)t(トゥ)

▶ dentist
d(ド)n(ン)t(トゥ)s(ス)t(トゥ)

▶ leftover
l(ル)f(フ)t(トゥ)v(ヴ)r(ウ)

▶ materials
m(ム)t(トゥ)r(ウリ)l(ルー)s(ズ)

＊Sは爆発させる子音Zとおなじ発音です。

▶ pleasant
p(プ)l(ルー)s(ズ)n(ン)t(トゥ)

＊Sは爆発させる子音Zとおなじ発音です。

▶ relatives
r(ウレ)l(ルー)t(トゥ)v(ヴ)s(ズ)

＊Sは爆発させる子音Zとおなじ発音です。

▶ scandal
s(ス)c(クァ)n(ン)d(ドゥ)l(ルー)

▶ sensitive
s(ス)n(ン)s(ス)t(トゥ)v(ヴ)

▶ symbol
s(ス)y(イ)m(ン)b(ブ)l(ルー)

▶ subject
s(ス)b(ブ)j(ジュ)c(ク)t(トゥ)

▶ surprise
s(ス)r(ウ)p(プ)r(ウラ)s(ズ)

＊2番目のSは爆発させる子音Zとおなじ発音です。

▶ typist
t(トゥ)y(イ)p(プ)s(ス)t(トゥ)

▶ western
w(ウー)s(ス)t(トゥ)r(ウ)n(ン)

③ 上級編 🎧 no.054

▶ certificate
c(ス)r(ウ)t(トゥ)f(フ)c(ク)t(トゥ)

▶ combination
c(ク)m(ン)b(ブィ)n(ヌー)ti(シュ)n(ン)

＊最初の**N**はうしろの母音**A**の影響で「ヌー」と発音します。**Ti**はのばせる子音**Sh**とおなじ発音です。

▶ gentlemen
g(ジェ)n(ン)t(トゥ)l(ルー)m(ム)n(ン)

＊**G**は爆発させる子音**J**とおなじ発音です。

▶ mystery
m(ム)y(イ)s(ス)t(トゥ)r(ウ)y(イ)

▶ newspaper
n(ヌ)w(ウー)s(ス)p(プェ)p(プァ)r(ウ)

▶ president
p(プ)r(ウレ)s(ズィ)d(ドゥ)n(ン)t(トゥ)

＊Sは爆発させる子音Zとおなじ発音です。

▶ tendency
t(トゥ)n(ン)d(ドゥ)n(ン)c(スィ)y(イ)

▶ treatment
t(トゥ)r(ウリ)t(トゥ)m(ム)n(ン)t(トゥ)

Lesson 6 リゾナンスを意識しよう

> このレッスンで学ぶコト!
>
> **母**音のリゾナンスをあげて、英語に表情をつける

　ここからは、より表情ゆたかな英語を話すための練習をしましょう。

　英語をより美しく、表情ゆたかにするためにはリゾナンスを意識することが重要です。

　リゾナンスとは声がひびく位置のこと。のどに手をあてて、「アー」と声を出してみてください。するとのどの震えが手につたわってきます。このように、声がひびいて共鳴する位置をリゾナンスというのです。

　いましかめてもらったとおり、日本語の母音のリゾナンスはのどのあたりにあります。

> Point！
>
> **日本語の母音のリゾナンスは、のどのあたりにある**

　特に日本語の母音「ア」と「エ」は、のどのあたりにリゾナンスがあるのです。そして、リゾナンスがのどにある場合、発音するときに下あごが動くのが特徴です。

> Point！
>
> **リゾナンスがのどにある場合、発音するときに下あごが動く**

Lesson 5でも簡単に説明しましたが、英語の子音はすべて口先でひびいています(リゾナンスが口先にある)。これは、子音を意識したトレーニングをすれば、リゾナンスが自然にあがることを意味します。

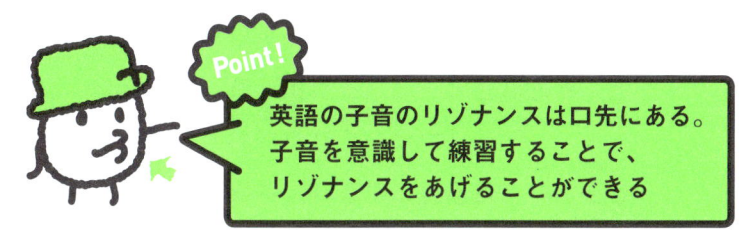

> **Point!**
> 英語の子音のリゾナンスは口先にある。
> 子音を意識して練習することで、
> リゾナンスをあげることができる

　しかし、**子音ばかりに意識がいくと、口先あたりで声がひびくだけなので、抑揚のない無表情な英語になりがち**です。実際に、無表情な英語と表情のある英語を聞き比べてみましょう。

Listen! 聞いてみよう！ no.055

▶ man　not

　この無表情な英語を表情あるものにするためには、**上あごを動かし母音のリゾナンスをあげるトレーニング**が必要になってきます。
　日本語ネイティブが母音を発音するときは、下あごが動きます。一方、英語ネイティブが母音を発音するときは、上あごが動くのです。
　つまり母音を発音するとき、上あごを動かせば、自然とリゾナンスがあがり、表情のある英語になります。

Lesson 6 リゾナンスを意識しよう

> **Point!**
> 上あごを動かし
> 母音のリゾナンスをあげることで、
> 表情ゆたかな英語になる

　では、自然に上あごが動くようになる練習を通して、英語ネイティブの母音のリゾナンスを体感しましょう！

　今回のレッスンでは母音に焦点をあててトレーニングしますが、そうはいっても、やはり大切なのは子音。**これまで学習した子音の強調も意識し**、母音が目立った日本語的発音にならないように気をつけてください。

A 母音1

Lesson 6 リゾナンスを意識しよう

STEP 1 比べよう！ no.056

▶ bad　apple　take

日本語ネイティブにとって**A**は「ア」の音です。

鏡のまえで、のどに手を当てて、「アー」と言ってみてください。日本語の「ア」を発音すると、下あごが動き、のどが震えます。

一方、英語ネイティブの**A**はより口に近いところでひびいています。

STEP 2 コツをつかもう！

Point! **A**のリゾナンスをあげるために、Aは「エア」と発音

▶ bad bエアd

「エア」と発音するときの「ア」は、「エ」のあとにつづくことで、単に「ア」と発音するときより発声の位置が高くなります。

ただし、あくまでも子音を強調することが前提ですから、はっきり「エア」と言わなくてかまいません。**1つの音のように短く「エア」と発音する**ようにしましょう。

また、練習の際、Lesson 5でも書いたように、**口を「ウ」のかたちにしてみましょう。こうすることで、下あごの動きを抑えることができ、ナチュラルに発音できます。**この方法は、**A**以外の母音のトレーニングにも有効です。

STEP 3 練習しよう！ no.057

＊音声につづいてリピートしましょう。

apple	エアpple	**take**	tエアke
and	エアnd	**arrive**	エアrrive
day	dエアy	**space**	spエアce

　たとえば、**take**の場合も、「テエアイク」と無理にはっきり発音するのではなく、あくまでも**T**と**K**を強調して発音する意識を持ちましょう。

　なお、**A**の音は発音記号を見てみるとたくさんの種類がありますね。**これはAの前後にある子音の作用で「エア」が、様々な音に変化したものだ**というのが私の考えです。

　Aをはさむ子音によって自然に母音が変化しますから、発音上は意識しなくて構いません。むしろ子音の発音に注意を向けるようにしましょう。

Lesson 6 リゾナンスを意識しよう

O 母音2

STEP 1 比べよう！ no.058

▶ on mop comedy

日本語ネイティブにとって**O**は「オ」の音です。
　日本語の「オ」の音は、口のなかの少し奥のほうでひびいています。英語ネイティブの発音は、もっと口先のほうでひびくのが特徴です。

STEP 2 コツをつかもう！

Point! Oは口をとがらせて「ア」と発音

▶ on　アn

　こうすることで、口のやや奥にあったリゾナンスが、鼻のあたりまで上がります。また、この「ア」を発音するとき、下あごが動かないように注意してください。

STEP 3 練習しよう！ no.059

mop　mアp
long　lアng
not　nアt

comedy　cアmedy
no　nア
object　アbject

PART 2

E 母音3

STEP 1 比べよう！ 🎧 no.060

▶ **everything election pen**

日本語ネイティブの**E**は唇を横に引っ張って発音するので、日本語の「エ」の音になっています。そして、日本語の「エ」は、のどのあたりから、口の奥まったところでひびくのが特徴です。

STEP 2 コツをつかもう！

Point! Eは「イ」に近い「ェ」の音を発音

▶ **everything** イ[ェ]verything

こうすることで、のどのあたり（口の少し奥）にあったリゾナンスが、鼻のあたりまで上がります。**E**にかぎりませんが、母音にとらわれて子音の強調を忘れないようにしましょう。

STEP 3 練習しよう！ 🎧 no.061

election	イ[ェ]lイ[ェ]ction	**pen**	pイ[ェ]n
England	イ[ェ]ngland	**expensive**	イ[ェ]xpイ[ェ]nsive
pet	pイ[ェ]t	**ten**	tイ[ェ]n

Lesson 6 リゾナンスを意識しよう

母音 4

STEP 1 比べよう！ no.062

▶ **interesting impress pin**

Eとおなじように、日本語ネイティブはIも唇を横に引っ張って発音します。このため、のどの上あたり、口の少し奥のほうでひびきます。

STEP 2 コツをつかもう！

Point! Iは発音しないくらい小さく発音

▶ **interesting** ｲnteresting

日本人の「イ」のリゾナンスは、ほかの母音に比べれば高いのですが、さらに高くするために、小さく発音します。

ｲnteresting

STEP 3 練習しよう！ no.063

impress ｲmpress **pin** pｲn
ink ｲnk **print** prｲnt
river rｲver **tin** tｲn

U 母音5

STEP 1 比べよう！ no.064

▶ up　cut　under

　日本語ネイティブの**U**の発音は、**A**(「ア」)の音と区別がありません。一方、英語の**U**は、子音の**W**や**R**とほぼ同じ音です。

STEP 2 コツをつかもう！

Point! Uはしっかりと「ウ」の口で「ア」と発音

▶ up （Uは「ウ」の口で「ア」）

　発音するとき、下あごの動きを抑えることも大切です。

STEP 3 練習しよう！ no.065

それぞれ**U**は、「ウ」の口で「ア」と発音します。

cut　　　　　　under
fun　　　　　　mud
lunch　　　　　study

以上の母音の発音は、アメリカ英語の発音です。
　イギリス英語の場合、母音の音は、**A**は「ア」、**O**は「オ」と発音しますが、流暢なイギリス英語を話すには母音を目立たなくし、ほとんどすべての母音を意識しないほうがいいでしょう。

Lesson 7 外来語のホントの発音

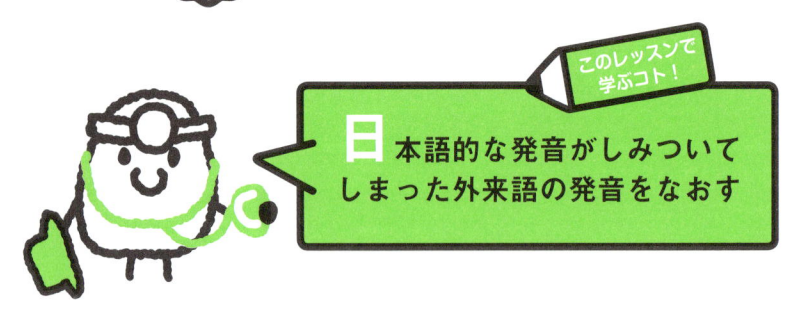

このレッスンで学ぶコト！

日本語的な発音がしみついてしまった外来語の発音をなおす

　ここでもう1度 Lesson 5とおなじように、単語のなかの子音を強調するトレーニングをしましょう。今回は<u>外来語</u>をとりあげます。**外来語は日本語のなかに定着し、みなさん母音に頼って発音しています。**

　ですからネイティブとの会話で外来語を使うと、通じないことがよくあるのです。また、英語以外の言語からきた言葉はもちろん英語とは発音が異なります。

　いままで日本語の会話でよく使ってきた言葉なので、その発音を変えるのはカンタンではありませんが、<u>子音を意識したトレーニング</u>で、ネイティブに通じる発音になおしていきましょう。

　なお、例外的に母音を発音したほうがいい単語には、母音も表記してあります。

練習しよう！

① 初級編 🎧 no.066

コーヒー ▶ **coffee**
c(クァ)ff(フ)

ココア ▶ **cocoa**
c(クォ)c(クォ)

イメージ ▶ **image**
m(ム)g(ジィ)

テーマ ▶ **theme**
th(スィ)m(ム)

ボタン ▶ **button**
b(ブゥ)tt(トゥ)n(ン)

キャリア ▶ **career**
c(ク)r(ウリ)r(ウ)

カレー	**curry**
	c(クゥ)rr(ウリ)y(イ)

ダブル	**double**
	d(ドゥ)b(ブゥ)l(ルー)

ドラマ	**drama**
	d(ドゥ)r(ウルァ)m(ムァ)

ガレージ	**garage**
	g(グゥ)r(ウ)g(ジィ)

グローブ	**glove**
	g(グゥ)l(ルー)v(ヴ)

ラベル	**label**
	l(ルー)b(ブェ)l(ルー)

レジャー	**leisure**
	l(ルーィ)s(ジュ)r(ウ)

＊**S**は爆発させる子音**J**とおなじ発音です。

Lesson 7 外来語のホントの発音

リカー ▶ **liqueur**
l(ルー)q(ク)r(ウ)

＊**Qu**は爆発させる子音**C／K**とおなじ発音です。

マニア ▶ **mania**
m(メ)n(ニ)a(エア)

ミサイル ▶ **missile**
m(ム)ss(ス)l(ルー)

サラダ ▶ **salad**
s(ス)l(ルー)d(ドゥ)

シチュー ▶ **stew**
s(ス)t(トゥ)w(ウー)

スウィッチ ▶ **switch**
s(ス)w(ウー)tch(チィ)

＊爆発させる子音**T**と**Ch**がつづく**tch**は、**T**を発音せず、**Ch**のみを「チィ」と発音します。このように爆発させる子音が重なると一方の音が消える場合があります(Lesson 9参照)。

セオリー ▶ **theory**
th(スィ)r(ウリ)y(イ)

② 中級編　no.067

アドレス **address**
a(エア)dd(ドゥ)r(ウレ)ss(ス)

アルバム **album**
a(エア)l(ルー)b(ブァ)m(ム)

アナログ **analog**
a(エア)n(ナ)l(ルー)g(グ)

アボカド **avocado**
a(エア)v(ヴ)c(クァ)d(ドゥ)

チョコレート **chocolate**
ch(チォ)c(クォ)l(ルー)t(トゥ)

クライアント **client**
c(ク)l(ルー)n(ン)t(トゥ)

クレジット **credit**
c(ク)r(ウレ)d(ドゥ)t(トゥ)

Lesson 7 外来語のホントの発音

デジタル ▶ **digital**
d(ドゥ)g(ジィ)t(トゥ)l(ルー)

＊**G**は爆発させる子音**J**とおなじ発音です。

レモネード ▶ **lemonade**
l(ルー)m(ム)n(ヌ)d(ドゥ)

マラソン ▶ **marathon**
m(ム)r(ウラ)th(スゥ)n(ン)

モダン ▶ **modern**
m(ムァ)d(ドゥ)r(ウ)n(ン)

セーター ▶ **sweater**
s(ス)w(ウ)t(トゥ)r(ウ)

トンネル ▶ **tunnel**
t(トゥ)n(ン)n(ヌ)l(ルー)

＊音声的には**tun**と**nel**に分かれます。

ビタミン ▶ **vitamin**
v(ヴァ)t(トゥ)m(ム)n(ン)

PART 2

83

3 上級編 no.068

アマチュア ▶ **amateur**
a(エア)m(ム)t(トゥ)r(ウ)

アルコール ▶ **alcohol**
a(エア)l(ルー)c(クォ)h(ホ)l(ルー)

アレルギー ▶ **allergy**
a(エア)ll(ルー)r(ウル)g(ジ)y(イ)

＊Gは爆発させる子音Jとおなじ発音です。

アルミニウム ▶ **aluminum**
a(エア)l(ルー)m(ム)n(ヌ)m(ム)

アメリカン ▶ **American**
A(エア)m(ム)r(ウリ)c(クァ)n(ン)

ブーメラン ▶ **boomerang**
b(ブウ)m(ム)r(ウラ)n(ン)g(グ)

チンパンジー ▶ **chimpanzee**
ch(チイ)m(ム)p(プァ)n(ン)z(ズィ)

Lesson 7 外来語のホントの発音

エネルギー ▶ **energy**
e(イ[ェ])n(ヌ)r(ウ)g(ジ)y(イ)

＊Eは「イ」に近い「エ」です。Gは爆発させる子音Jとおなじ発音です。

インターネット ▶ **Internet**
n(ン)t(トゥ)r(ウ)n(ヌ)t(トゥ)

マーガリン ▶ **margarine**
m(ム)r(ー)g(ジュ)r(ウリ)n(ン)

＊Gは爆発させるJとおなじ発音です。

プレミアム ▶ **premium**
p(プ)r(ウレ)m(ム)u(ア)m(ム)

＊Uは「ウ」の口で「ア」と発音します。

レクリエーション ▶ **recreation**
r(ウレ)c(ク)r(ウリ)ti(シュ)n(ン)

＊Tiはのばせる子音Shとおなじ発音です。

サンドウィッチ ▶ **sandwich**
s(ス)n(ン)d(ドゥ)w(ウー)ch(チィ)

ボランティア ▶ **volunteer**
v(ヴォ)l(ルー)n(ン)t(トゥ)r(ウ)

PART 2

85

アクセサリー **accessory**
a(エア)c(ク)c(ス)ss(ス)r(ウリ)y(イ)

バドミントン **badminton**
b(ブァ)d(ドゥ)m(ム)n(ン)t(トゥ)n(ン)

コミュニケーション **communication**
c(クォ)mm(ム)n(ヌ)c(クェ)ti(シュ)n(ン)

＊Tiはのばせる子音Shとおなじ発音です。

ナルシスト **narcissist**
n(ヌ)r(ウ)c(ス)ss(ス)s(ス)t(トゥ)

スピードメーター **speedometer**
s(ス)p(プィ)d(ドゥ)m(ム)t(トゥ)r(ウ)

コンフォータブル **comfortable**
c(クォ)m(ン)f(フ)r(ウ)t(トゥ)b(ブ)l(ルー)

PART

つながりのトレーニング

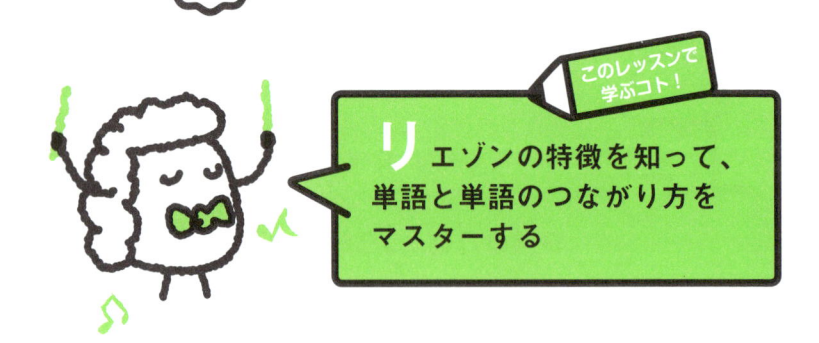

Lesson 8 リエゾンをマスターしよう

このレッスンで学ぶコト！

リエゾンの特徴を知って、単語と単語のつながり方をマスターする

　このパートでは、複数の単語が登場する場合の発音を身につけていきましょう。

　英語をより流暢に話すためのコツが**リエゾン**です。**リエゾンとは単語と単語がつながる現象のこと。**リエゾンを習得できれば、いっそうネイティブらしい発音になります。

　では、母音と子音のリエゾンの特徴と発音のコツを見ていきましょう。

Lesson 8 リエゾンをマスターしよう

母音のリエゾン

STEP 1 比べよう！ no.069

▶ He is arriving.
I like it.
That's all.
She was impressed.

PART 3

典型的な日本語ネイティブの発音は、母音の**まえ**で音を切り離すため**単語と単語のあいだが**離れてしまいます。

たとえば、**He is arriving**の場合は**He**と**is**のあいだ、**is**と**arriving**のあいだが切れ、ヒー／イズ／アライヴィングとなります。

一方、英語ネイティブの発音は、**is**の**i**を**He**につなげ、**arriving**の**a**を**is**につなげることで、**He is a rriving**となります。

つまり、単語の先頭にある母音がまえの単語の末尾につながるのです。

STEP 2 コツをつかもう！

Point! 単語の先頭にある母音は、まえの単語の末尾につなげる

▶ **He is arriving.**

He is a rriving.

ヒーイザ／ライヴィング

これまでお話ししてきた子音の強調に加え、このリエゾンが起きるので、英語ネイティブの発音は、日本語ネイティブの英語とはまったく異なる印象になるわけです。

STEP 3 練習しよう！ 🎧 no.070

▶ I like it.
I like it.
アライキトゥ

▶ That's all.
That's all.
ザツゥォル

▶ She was impressed.
She was im|pressed.
シワジィン／プレストゥ

▶ It's expensive.
It's e|xpensive.
イツェ／クスペンシィヴ

▶ He is interesting.
He is in|teresting.
ヒズィン／タリスティング

▶ She is asleep.
She is a|sleep.
シザ／スリープ

Lesson 8 リエゾンをマスターしよう

子音のリエゾン

STEP 1 比べよう！ no.071

▶ red roses
He can't go.
short and small
stop that

日本語ネイティブは、子音の**うしろ**で音を切る癖があります。

たとえば、**red roses**の場合は、**red**と**roses**のあいだで音が切れ、レッド／ローズィズとなります。

それに対し、英語ネイティブは、**red**の**d**を**roses**につなげ、**re|d roses**というまとまりで発音します。単語末尾の子音をつぎの単語の先頭につなげているわけですね。

PART 3

STEP 2 コツをつかもう！

Point! 語末の子音は、つぎの単語の先頭につなげる

▶ **red roses**
re|d roses
レ／ドローズィズ

特に**T**と**D**は、子音の強調も加わって、印象に大きな変化があるので要注意です（**T**と**D**以外はリエゾンしてもあまりひびきは変わりません）。

日本語ネイティブの場合、リエゾンせずにかたい発音になるか、**T**と**D**を省略してしまい、メリハリのない発音になってしまう傾向があります。

たとえば、**I can't go**や**red roses**であれば、**T**や**D**のあとで区切り、**I can't｜go**、**red｜roses**とリエゾンせずに書かれたままに発音するか、**I can go**や**re roses**と**T**や**D**を省略してしまうのです。

STEP 3　練習しよう！　no.072

▶ He can't go.
He can｜'t go.
ヒカン／トゥゴー

▶ short and small
shor｜t an｜d small
ショ／タン／ドスモル

▶ mad scientist
ma｜d scientist
マ／ドスィェンティストゥ

▶ I'm not hungry.
I'm no｜t hungry.
アムナ／トゥハングリー

▶ He had fun.
He ha|d fun.
ヒハ／ドゥファン

▶ I might go.
I migh|t go.
アマィ／トゥゴー

リエゾンのコツがつかめたら、子音の強調を意識しながらもう一度練習してみましょう。

PART 3

Lesson 9 音が消えるパターンを知ろう

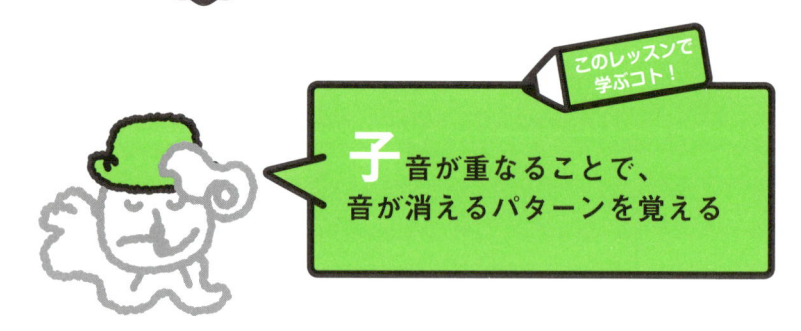

> **子**音が重なることで、
> 音が消えるパターンを覚える

　英語には重なると聞こえなくなる音があります。おなじ子音が連続すると、まえの子音が弱まったり、脱落したりするのです。

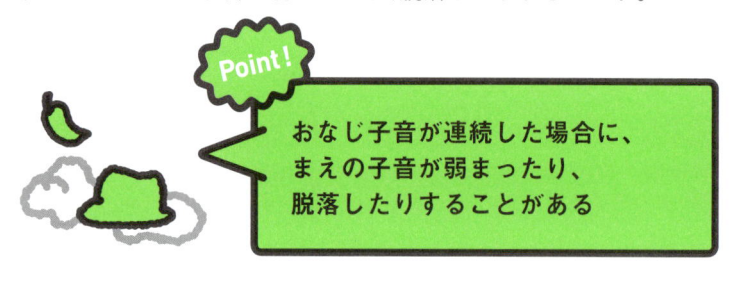

> **Point!**
> おなじ子音が連続した場合に、
> まえの子音が弱まったり、
> 脱落したりすることがある

　Lesson 3で練習した**爆発させる子音が重なるときにこの現象が起きます。**
　流暢に話す場合、スムーズさを保つために、無意識に起こるのです。
　日本語で「ありがとう」と言う場合、文字通り最後の「う」をはっきりと発音することはしません。スムーズに発音するために、「ありがとぉ」といいますね。これと似た現象が英語でも起きているわけです。

　では実際に音が消えるパターンを聞いてみましょう。

STEP 1 比べよう！ 🎧 no.073

▶ big game

日本語ネイティブは、「ビッグゲーム」と発音し、特に消える音はありません。

一方、英語ネイティブは、爆発させる子音 **G** が重なる2単語をあたかも **G** が1つであるかのように「ビッゲーム」と発音していますね。

STEP 2 コツをつかもう！

Point! 爆発させる子音が重なる場合は、まえの子音を弱めたり、脱落させ、1つの子音のように発音

▶ big game
big game
ビッゲーム

STEP 3 練習しよう！

① 🎧 no.074

▶ closed doors
closed doors
クローズドアーズ

> **I've got to go.**
I've got to go.
アヴガットゥゴー

> **red dog**
red dog
ゥレッドッグ

> **cut time**
cut time
カットゥアィム

② また、おなじ子音ではなく、異なる子音が続く場合でも、爆発させる子音が連続する場合に、まえの子音が消えることがあります。

> **good time**
good time
グットゥアィム

> **at the door**
at the door
アザドーゥ

Lesson 9 音が消えるパターンを知ろう

▶ **understand boys**
understan_ boys
アンダースタンボーイズ

▶ **dark gray**
dar_ gray
ダーグレイ

▶ **big dog**
bi_ dog
ビッドッグ

▶ **hot meal**
ho_ meal
ハッミール

▶ **at church**
a_ church
アッチャーチ

PART 3

Lesson 10 複雑なパターンにトライ

このレッスンで学ぶコト！

音のつながりが複雑なパターンの発音を身につける

　リエゾンと音が消えるパターンが登場したことで、ずいぶんと難しくなってきました。2つが複数現れるパターンのトレーニングを積んで、**体に英語の発音をしみこませましょう。**
　鏡を見て下あごが動かないように注意してください。

練習しよう！

no.075

1 black ink pen

no.076

2 Give it to me.

Lesson {10} 複雑なパターンにトライ

PART 3

black ink pen
▶ ブラッキンペン
黒インクのペン

Give it to me.
▶ ギヴィトゥミー
それを私にください。

🎧 no.077

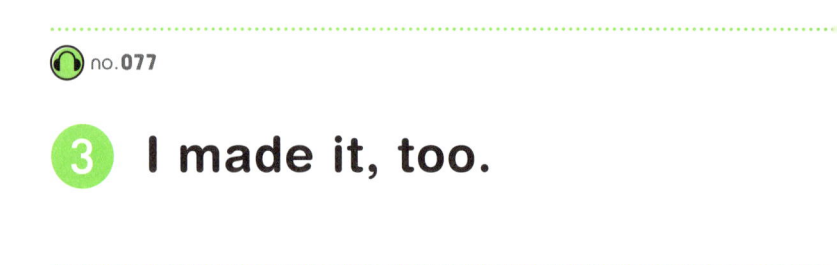

3 I made it, too.

🎧 no.078

4 I need them all.

🎧 no.079

5 in about ten minutes

🎧 no.080

6 She is not very old.

🎧 no.081

7 She got up at eight.

Lesson 10 複雑なパターンにトライ

I made it, too.
アメェディトゥー
私もうまくいきました。

I need them all.
アニーゼマール
それらすべて必要です。

in about ten minutes
ィナバウテンミヌッツ
約10分後に

She is not very old.
シズナ／トゥヴェリァールドゥ
彼女はそれほど歳をとっていません。

She got up at eight.
シガタパ／テェイトゥ
彼女は8時に起きました。

🎧 no.082

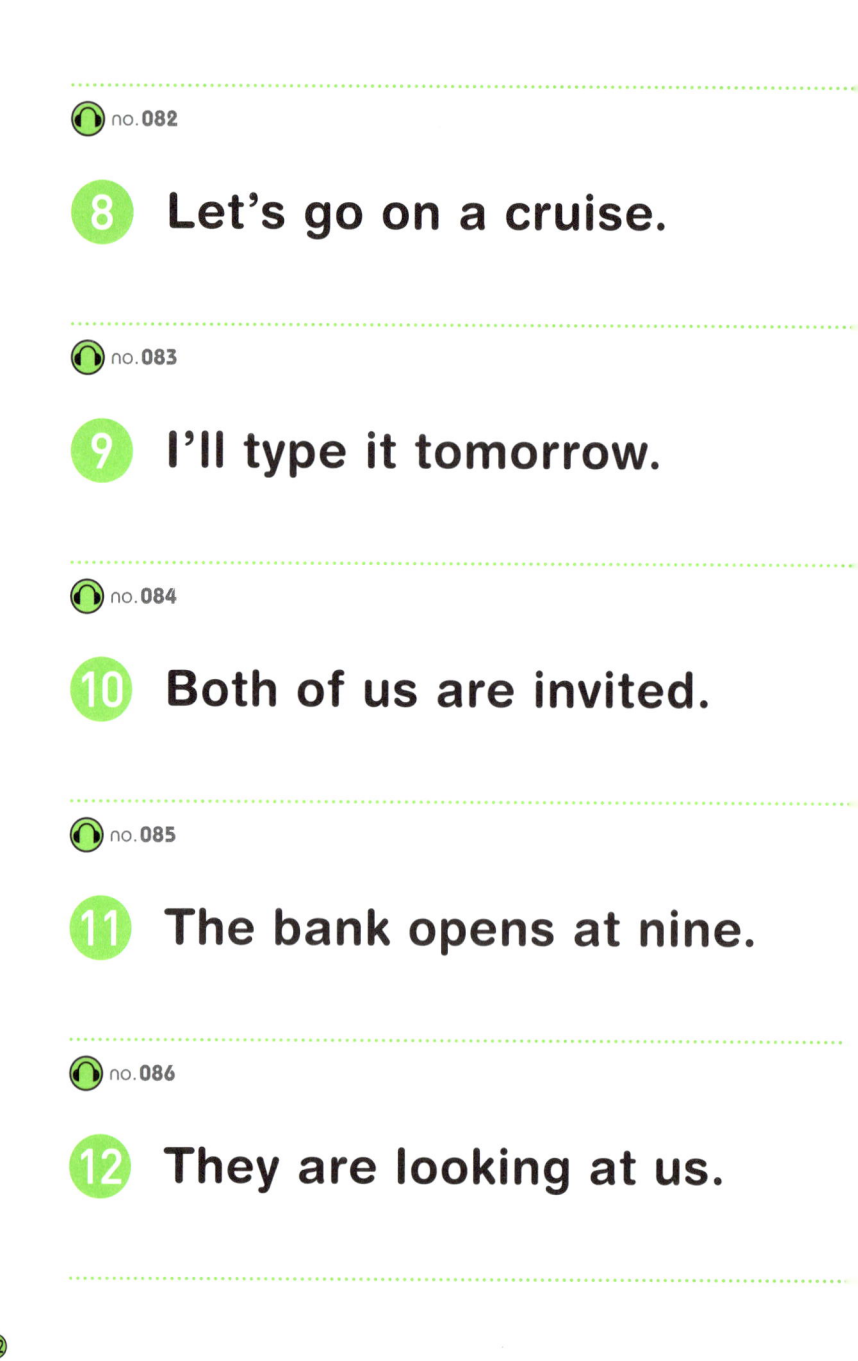

8 **Let's go on a cruise.**

🎧 no.083

9 **I'll type it tomorrow.**

🎧 no.084

10 **Both of us are invited.**

🎧 no.085

11 **The bank opens at nine.**

🎧 no.086

12 **They are looking at us.**

Let's go on a cruise.
レッツゴァナクルーズ
船旅に出かけましょう。

I'll type i tomorrow.
アルタィプィトゥモロウ
明日それをタイプします。

Both of us are invited.
ボソヴァサインヴァィティッドゥ
私たちどちらも招待されます。

The bank opens a t nine.
ザバンコープンザァ／トゥナイン
銀行は9時に開きます。

They are looking a t us.
ゼァルッキンガ／タァス
彼らは私たちを見ています。

no.087

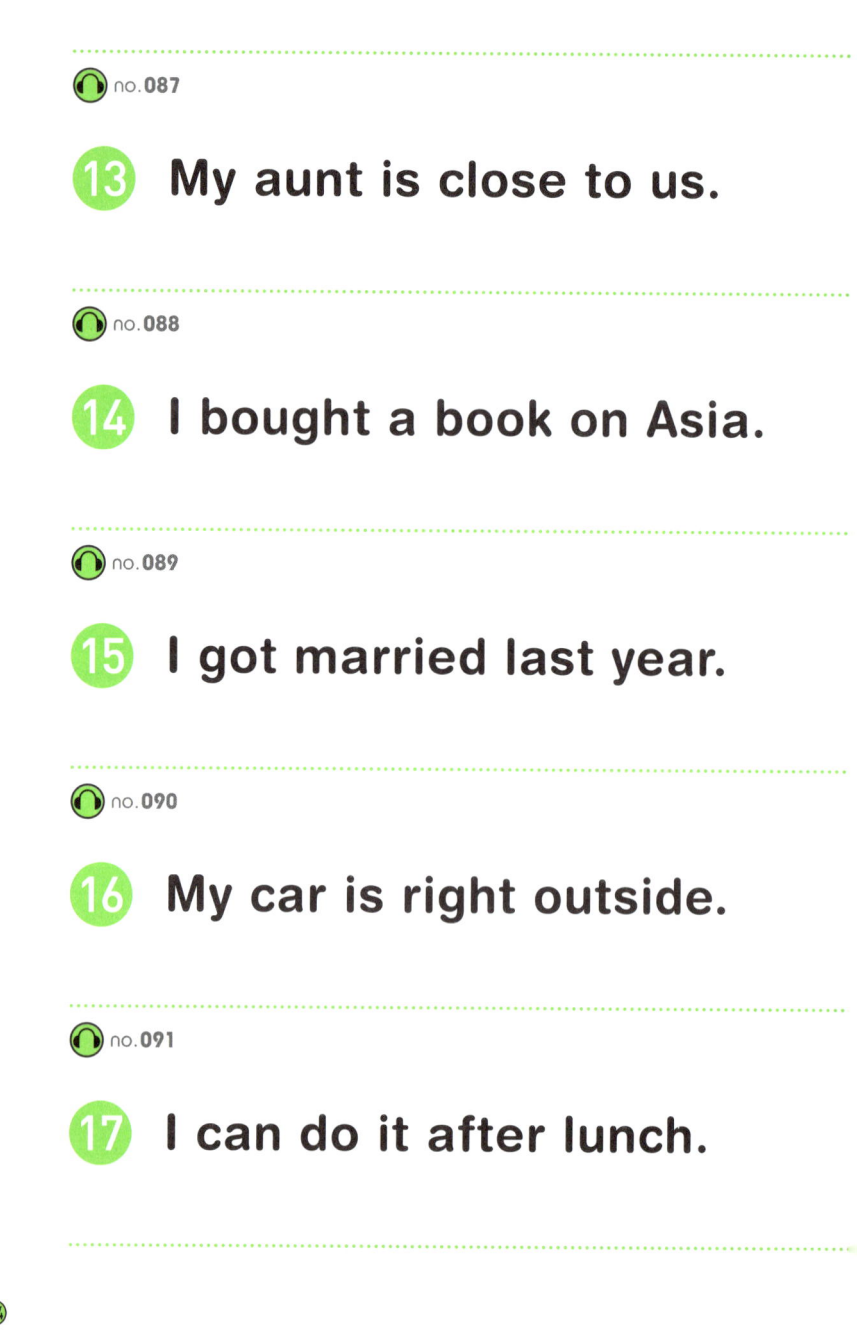

13 My aunt is close to us.

no.088

14 I bought a book on Asia.

no.089

15 I got married last year.

no.090

16 My car is right outside.

no.091

17 I can do it after lunch.

Lesson 10 複雑なパターンにトライ

My aunt is close to us.
マヤーンティズクローストゥアス
おばは近くにいます。

I bought a book on Asia.
アボートァブッコネジア
アジアに関する本を買いました。

PART 3

I got married last year.
アガトゥメェァリー／ドゥラス／ティヤー
私は去年結婚しました。

My car is right outside.
マカーイズウライタウサイドゥ
私の車はすぐ外にあります。

I can do it after lunch.
アキャンドゥィ／タフタゥルーンチ
昼食のあとならそれをやることができます。

no.092

18 I'll type it after lunch.

no.093

19 Turn on the light at ten.

no.094

20 The sale is already over.

no.095

21 My children are at school.

no.096

22 Keep talking until I stop.

I'll type it after lunch.

アルタイピ／タフタゥルーンチ

昼食のあとにそれをタイプします。

Turn on the light at ten.

ターナンザライタテン

10時に点灯しなさい。

The sale is already over.

ザセールィゾールレディオーヴゥ

セールはもう終わっています。

My children are at school.

マチィルドレナーァ／トゥスクール

子どもたちは学校にいます。

Keep talking until I stop.

キートーキンガンティライストップ

私がとめるまで話し続けて。

🎧 no.097

23 **Let me know when it comes.**

🎧 no.098

24 **I always stay at that hotel.**

🎧 no.099

25 **I couldn't get off the phone.**

🎧 no.100

26 **It's too cold to wait outside.**

🎧 no.101

27 **The man ate an apple yesterday.**

Lesson 10 複雑なパターンにトライ

Let me know when it comes.
レ/トゥミノウウーェニ/トゥカムズ
それが来たらお知らせください。

I always stay at that hotel.
アアルウェイズスティアザァ/トゥホテル
私はいつもあのホテルに泊まります。

I couldn't get off the phone.
アクドゥン/トゥゲ/トァフザフォン
私は電話を切ることができませんでした。

It's too cold to wait outside.
イッツトゥーコールトゥウェィ/タウサイドゥ
外で待つには寒すぎます。

The man ate an apple yesterday.
ザマネートァナップル/イエスタデエァィ
その男が昨日リンゴを食べました。

PART 3

no.102

28 **I was thinking about our vacation.**

no.103

29 **My uncle surprised us at the door.**

no.104

30 **Just a cup of black coffee, please.**

no.105

31 **Come with us to have some ice cream.**

no.106

32 **She stopped smoking eight years ago.**

I was thinking about our vacation.
アワズスィンキンガバウ／タワヴァケシュン
私たちの休暇について考えていました。

My uncle surprised us at the door.
マヤンクルスプゥライズドゥスァザドゥ
おじはドアのところで私たちを驚かしました。

Just a cup of black coffee, please.
ジャス／タカッパブブラカァフィプリーズ
ブラックのコーヒーを1杯いただけますか。

Come with us to have some ice cream.
クァムウィザストゥハヴサミスクリーム
いっしょにアイスを食べに行こう。

She stopped smoking eight years ago.
シストップ／トゥスモキンゲイトイヤーザゴー
彼女は8年前に喫煙をやめました。

Lesson 11　日本人特有の二重母音をなおそう

> このレッスンで学ぶコト！
>
> **日**本人特有の二重母音をなおす

日本語ネイティブが発音する英語には、英語ネイティブの発音にはない特有の二重母音が存在します。

例を聞いてみましょう。

STEP 1　比べよう！　🎧 no.107

▶ take　make　shine　stair

日本語ネイティブの発音をカタカナで書いてみると、「テ**エイク**」「メ**エイク**」「シャ**アイン**」「ステ**エアー**」と、母音をはっきり2つの音で言っています。

しかし、英語にはこうした日本人特有の二重母音は一部（黒人アクセント、南部なまりなど）をのぞいてありません。

流暢な英語では、これらの音はほとんど1つの音になるのです。

Lesson 6で、**A**の発音は「エア」であると紹介しました。このとき、**「エア」をはっきり言わず、短く1つの音で発音する**と説明したことを覚えているでしょうか。

つまり、「エア」であっても、日本人がやってしまいがちな二重母音とは違うのです。「エア」と発音していても、流暢な英語になると「ア」はほとんど聞こえなくなります。

Listen! 聞いてみよう！ 🎧 no.108

▶ **I make sushi.**

最初は、日本語ネイティブと英語ネイティブの発音の区別も難しいですが、つぎのコツにしたがって練習するうちに違いがわかるようになってきます。

STEP 2 コツをつかもう！ 🎧 no.109

Point! 二重母音のうしろの母音を無視し、1つ目の母音だけを発音

▶ **take** tｴke

これに慣れてきたら、1つ目の母音の口のまま2つ目の母音を発音してみましょう。いっそうネイティブらしくなります。

STEP 3 練習しよう！ 🎧 no.110

make mｴke   **shine** shｱne
stair stｴir   **like** lｱke
more mｵre   **race** rｴce
time tｱme   **where** whｴre

Lesson 12 究極の英語リズムを身につけよう

このレッスンで学ぶコト！

シンコペーションを意識して、英語のリズムで発音する

今回は、**英語のリズム**についてお話しします。
つぎの例を聞いて、各単語の音の長さが日本語ネイティブと英語ネイティブでどう違うか、感じとってみてください。

STEP 1 比べよう！ no.111

▶ he sings this train for you

日本語ネイティブの発音は、単語の音の長さがおなじ（どの単語もおなじリズム）ことに気がついたでしょうか。
それぞれ**he**と**sings**、**this**と**train**、**for**と**you**が**おなじ長さ（リズム）で発音されています**。下に、日本人が発音したときの単語の音の長さを音符で示してみました。いずれの単語にも四分音符（♩）がならんでいます。

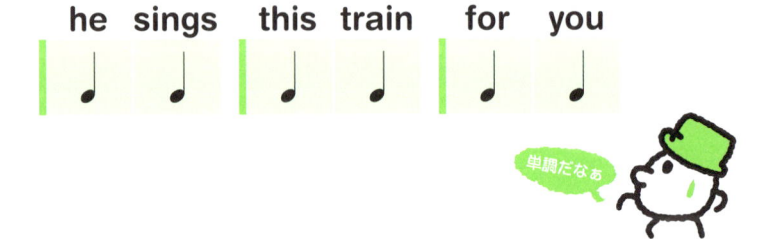

he	sings	this	train	for	you
♩	♩	♩	♩	♩	♩

単調だなぁ

一方、英語ネイティブの発音は、**まえの単語の音がうしろの単語の音よりも短くなっています。**

音符で表してみると、下のように**八分音符（♪）**と**付点四分音符（♩.）**で表せます。付点四分音符は、八分音符の3倍長い音符です。このリズムをシンコペーションといい、英語ネイティブは語句のかたまりやセンテンスをシンコペーションのリズムで発音します。

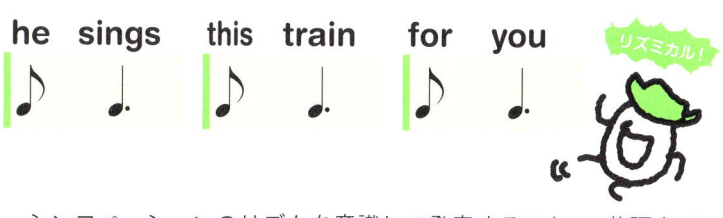

he	sings	this	train	for	you
♪	♩.	♪	♩.	♪	♩.

リズミカル！

PART 3

シンコペーションのリズムを意識して発音することで、英語ネイティブらしい流暢さが生まれるのです。

STEP 2 コツをつかもう！ 🎧 no.112

シンコペーションのリズムで発音すべきパターンには、**❶主語＋動詞**、**❷名詞句**、**❸前置詞＋名詞（句）**の3つがあります。

Point! ①
主語＋動詞のパターンでは、主語と動詞をひとかたまりにし、シンコペーションのリズムで発音

▶ ♪he ♩.sings ヒシングス

heとsingsを1つのかたまりとして発音します。

Lesson 12 究極の英語リズムを身につけよう

Point! 2
名詞句のパターンでは、句をひとかたまりとして、シンコペーションのリズムで発音

> ♪this ♪train ディストレン

thisと**train**を1つのかたまりとして発音します。

Point! 3
前置詞＋名詞(句)のパターンでは、前置詞をうしろの語句とひとかたまりにし、シンコペーションのリズムで発音

> ♪for ♪you フユ

forと**you**を1つのかたまりとして発音します。
　シンコペーションは区切れではなく、1つのかたまりのなかでのリズムであることに注意しましょう。

STEP 3　練習しよう！

① 🎧 no.113

❶主語＋動詞

> ♪they ♪complain
> ゼコンプレン

> ♪I ♪should leave
> アシュドゥリーヴ

Lesson 12 究極の英語リズムを身につけよう

▶ ♪he is ♪going to study
ヒズゴイングトゥスタディ

❷ 名詞句

▶ ♪your ♪presentation
ユァプレゼンテシュン

▶ ♪every ♪child
イヴゥリチャルドゥ

▶ ♪some ♪more information
スムォァインフォメシュン

❸ 前置詞＋名詞（句）

▶ ♪from ♪Japan
フムジパン

▶ ♪in ♪the box
ィンザボクス

▶ ♪in ♪front of the building
ィンッフロントゥブザビルディング

PART 3

②

　では、いろいろなパターンの練習です。**リズムを考えながら**、発音してみましょう。シンコペーションがつかめたら、子音の強調も意識しながらトレーニングしてください。

🎧 no.114

1　on my desk

🎧 no.115

2　he'll go

🎧 no.116

3　this memo

🎧 no.117

4　by car

Lesson 12 究極の英語リズムを身につけよう

♪on ♪my desk　（③前置詞＋名詞(句)）
n my dsk

アンマデスク

PART 3

♪he'll ♪go　（①主語＋動詞）
hll g

ヒルゴー

♪this ♪memo　（②名詞句）
ths mm

ディスメーモ

♪by ♪car　（③前置詞＋名詞(句)）
by cr

ブァイカー

no.118

5. after lunch

no.119

6. I sing

no.120

7. cheese cake

no.121

8. after school

no.122

9. some more coffee

▶ **after lunch**　（③前置詞＋名詞(句)）
ftr lnch
エフタゥルーンチ

▶ **I sing**　（①主語＋動詞）
sng
アスィング

▶ **cheese cake**　（②名詞句）
chs ck
チィズケエク

▶ **after school**　（③前置詞＋名詞(句)）
ftr schl
エフタゥスクゥール

▶ **some more coffee**　（②名詞句）
sm mr cff
スムモァクァフィ

no.123

10 I can sing

no.124

11 in June

no.125

12 we play

no.126

13 in two weeks

no.127

14 this evening

Lesson 12 究極の英語リズムを身につけよう

▶ ♪I can ♪sing　（①主語＋動詞）
cn sng

アキャンスィング

▶ ♪in ♪June　（③前置詞＋名詞(句)）
n Jn

ィンジューン

▶ ♪we ♪play　（①主語＋動詞）
w ply

ウィプレェ

▶ ♪in ♪two weeks　（③前置詞＋名詞(句)）
n tw wks

ィントゥウィークス

▶ ♪this ♪evening　（②名詞句）
ths vnng

ディスイヴニング

PART 3

no. 128

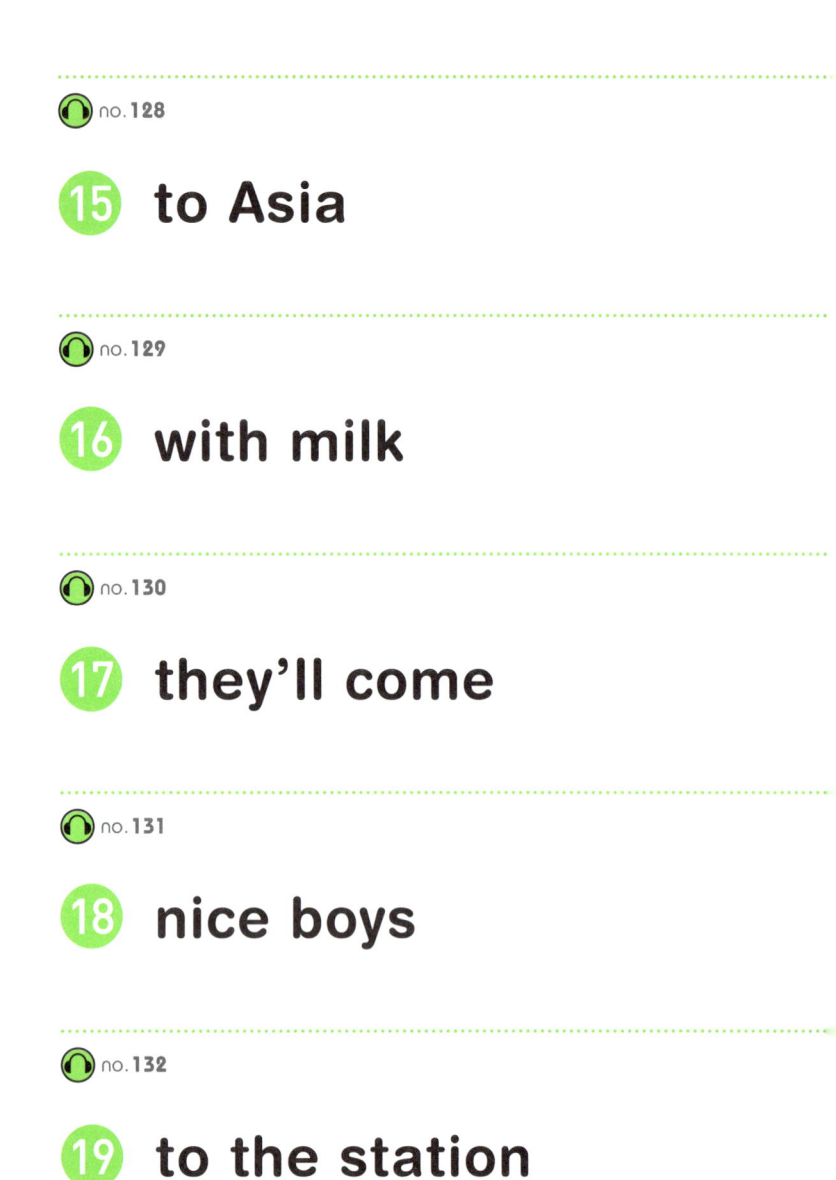

15 **to Asia**

no. 129

16 **with milk**

no. 130

17 **they'll come**

no. 131

18 **nice boys**

no. 132

19 **to the station**

Lesson 12 究極の英語リズムを身につけよう

▶ ♪**to** ♪**Asia** （③前置詞＋名詞(句)）
t s
トゥエジエア

▶ ♪**with** ♪**milk** （③前置詞＋名詞(句)）
wth mlk
ウィズミルク

▶ ♪**they'll** ♪**come** （①主語＋動詞）
thy'll cm
ゼルカム

▶ ♪**nice** ♪**boys** （②名詞句）
nc bys
ナィスボーイズ

▶ ♪**to** ♪**the station** （③前置詞＋名詞(句)）
t th sttin
トゥザステシュン
＊**Ti**はのばせる子音**Sh**とおなじ発音です。

no.133

20 your family

no.134

21 at once

no.135

22 new information

no.136

23 free time

no.137

24 every day

Lesson 12 究極の英語リズムを身につけよう

▶ **your family** (②名詞句)
yr fmly

イヨゥフミリイー

▶ **at once** (③前置詞＋名詞(句))
t onc

エトゥワンス

▶ **new information** (②名詞句)
nw nfrmtin

ニュウィンフォゥメシュン
＊**Ti**はのばせる子音**Sh**とおなじ発音です。

▶ **free time** (②名詞句)
fr tm

フゥリートゥアィム

▶ **every day** (②名詞句)
vry dy

イヴゥリデイ

no.138

25 we wait

no.139

26 you smoke

no.140

27 she drinks

no.141

28 I'll take

no.142

29 on the desk

Lesson 12 究極の英語リズムを身につけよう

▶ **we wait** (①主語+動詞)
w wt
ウィウエットゥ

▶ **you smoke** (①主語+動詞)
y smk
イウスモーク

▶ **she drinks** (①主語+動詞)
sh drnks
シドゥリンクス

▶ **I'll take** (①主語+動詞)
ll tk
アルテエク

▶ **on the desk** (③前置詞+名詞(句))
n th dsk
アンザデスク

PART 3

Lesson 12 究極の英語リズムを身につけよう

　ここまで、シンコペーションの基本を見てきました。センテンスになるとこれらが組みあわさり、複雑なパターンをつくりますが、基本は「**主語＋動詞**」「**名詞句**」「**前置詞＋名詞（句）**」の3種類です。

　やはりそれぞれのかたまりのなかでシンコペーションのリズムが生まれます。疑問文などになってもおなじです。いくつか例を見てみましょう。

Listen! 聞いてみよう！ no.143

❶ 疑問文

▶ ♪Did ♩he cook?

　「主語＋動詞」パターンの疑問文です。1センテンスのなかでシンコペーションのリズムが生まれます。

❷ 疑問詞がある疑問文

▶ ♪What ♩did you buy?

　疑問詞がある場合も、おなじようにシンコペーションのリズムで発音します。

❸「主語＋動詞」に語句がつづくケース

▶ ♪I ♩play baseball.

Lesson 12 究極の英語リズムを身につけよう

短い目的語であれば、1センテンスをひとまとまりとして発音します。

▶ I'll take this train to his house.

▶ I've always wanted to see the Statue of Liberty.

「主語＋動詞」と「前置詞＋名詞句」や「名詞句」が、1つのセンテンスに現れるパターンです。

❹「主語＋動詞」が複数あるケース

▶ I think he is one of my students.

「主語＋動詞」が1センテンスのなかに複数現れるパターンです。

慣れないうちは、シンコペーションのリズムで発音するのは、難しく感じるでしょう。しかし、子音を強調することで、**自然とシンコペーションのリズムが生まれてきます**から、まずは子音の強調を意識して練習するようにしましょう。

コラム

シンコペーションを体感しよう

シンコペーションは、英語ネイティブが自然に身につけているリズムですから、日本人にはなかなかピンときません。ここでは、わかりやすい例を聞いてシンコペーションを体感しましょう。

①日本語と英語のDNA

まず、センテンスの場合のシンコペーションについて、聞き比べをしてみましょう。

Listen! 聞いてみよう！ no.144

❶日本語ネイティブ

▶ Do you have to go to this party?

日本人の場合、「**トントントントン…（♩♩♩♩…）**」と、まるで農耕民族が鍬（くわ）で畑を耕すようなリズムです。

❷英語ネイティブ

▶ Do you have to go to this party?

英語ネイティブのリズムは、「**タターンタターン（♪ ♩ ♪ ♩）**」と狩猟民族が弓を射るような調子です。

私はこのひびきの違いに、日本語（農耕民族の言葉）と英語（狩猟民族の言葉）のDNAの違いを感じます。

② ダイナミックなシンコペーション

シンコペーションは、おなじ文であっても、会話のスピード、流暢さ、感情などによって、シンコペーションの数が変化します。たとえば、会話のスピードが速いほど数が少なくなります。

Listen! 聞いてみよう！

❶ シンコペーションが3つ

▶ I'll take this train to his house.

「主語＋動詞」「名詞句」「前置詞＋名詞（句）」の3パターンが1文に入っています。❶〜❸のなかで、もっともゆっくり話す場合です。

❷ シンコペーションが2つ

▶ I'll take this train to his house.

❶より速く話す場合で、I'llからthis trainまでがひとかたまりになります。

❸ シンコペーションが1つ

▶ I'll take this train to his house.

❷より速く話す場合で、1文が1つにまとまります。日常会話や映画のセリフのような速さです。

PART 4

センテンスのトレーニング

Lesson 13 センテンスのトレーニング

> このレッスンで学ぶコト！
>
> これまで学んだ発音のポイントを生かし、ネイティブらしくセンテンスを発音する

練習しよう！

no.145

1 Do you cook?

no.146

2 Let's sit in the sun.

最後のパートでは、いままでの頑張りを**センテンスに生かしましょう**。
　左ページに練習する英文を、右ページには子音を色文字で強調した英文（発音しない文字は（　）を付しました）と、リエゾン、消えるパターン、シンコペーションを表す英文を示しました。音声を聞きながら、まずは子音を強調する練習を行い、慣れたらリエゾンなどの音のつながりも意識しましょう。**シンコペーションは、子音を強調すれば自然と生まれてきますから、最初はとにかく子音を練習です。**
　なお、コラム（p.133）で説明したとおり、シンコペーションにはいろいろなパターンがありますが、ここでは**発音しやすいパターン**で示しました。
　カタカナの読みは、最初の5センテンスだけにつけています。それ以降は、音声をよく聞きながらトライしましょう。

PART 4

▶ **Do you cook?**

Do you cook?
ドゥイウクック
あなたは料理をしますか。

▶ **Let's sit in the sun.**

Let's sit in the sun.
レッツシティンザスン
日なたにすわりましょう。

no.147

3 I'm sending it today.

no.148

4 Both women are crying.

no.149

5 I hope someone helps my homework.

no.150

6 The sign says no parking.

no.151

7 When does the store open?

Lesson 13 センテンスのトレーニング

I'm sending it today.
I'm sending it today.
アムセンディンギットゥデェィ
＊todayは単語のなかでシンコペーションがあります。
今日それを送ります。

Both women are crying.
Both women are crying.
ブォスウィメナクラィング
どちらの女性も泣いています。

I hope someone helps my homework.
I hope someone helps my homework.
アホプスムワンヘルプスマイホムウーク
＊someoneの2つ目のOは子音Wとおなじ発音です。
だれかに宿題を手伝ってほしいです。

PART 4

The si(g)n says no parking.
The sign says no parking.
標識に駐車禁止と書かれています。

When does the store open?
When does the store open?
お店はいつ開店するのでしょうか。

no.152

8 Did she sing at the party?

no.153

9 My father is tall and thin.

no.154

10 The monument is very large.

no.155

11 I see a stop sign ahead.

no.156

12 When will you be ready to go?

Lesson 13 センテンスのトレーニング

▶ **Did she sing at the party?**

彼女はパーティで歌ったのですか。

▶ **My father is tall and thin.**

私の父は背が高くてやせています。

▶ **The monument is very large.**

その記念碑はとても大きいです。

▶ **I see a stop sign ahead.**

前方に一時停止の標識が見えます。

▶ **When will you be ready to go?**

いつ行く準備ができますか。

PART 4

🎧 no.157

13 The hospital is very crowded.

🎧 no.158

14 When does the semester begin?

🎧 no.159

15 What are you doing for lunch?

🎧 no.160

16 Would you like some more tea?

🎧 no.161

17 Do we have to go to this party?

Lesson 13 センテンスのトレーニング

The hospital is very crowded.

The hospital is very crowded.

病院はとても混んでいます。

When does the semester begin?

When does the semester begin?

今学期はいつはじまりますか。

What are you doing for lunch?

Wha t are you doing for lunch?

お昼はどうするつもりですか。

Wou(l)d you like some more tea?

Woul d you like some more tea?

紅茶をもう少しいかがですか。

Do we have to go to this party?

Do we have to go to this party?

＊このhaveのVは、のばせる子音Fとおなじ発音です。
私たちはこのパーティに行かなければいけませんか。

PART 4

no.162

18 **Can I buy you something to eat?**

no.163

19 **My sister is asleep in a chair.**

no.164

20 **The restaurant is on the corner.**

no.165

21 **Did you order anything for lunch?**

no.166

22 **I'm looking forward to the weekend.**

Lesson 13 センテンスのトレーニング

▶ **Can I buy you something to eat?**

なにか食べ物を買ってあげましょうか。

▶ **My sister is asleep in a chair.**

姉はいすで寝ています。

▶ **The restaurant is on the corner.**

そのレストランは角にあります。

PART 4

▶ **Did you order anything for lunch?**

お昼になにか頼みましたか。

▶ **I'm looking forward to the weekend.**

週末が楽しみです。

🎧 no.167

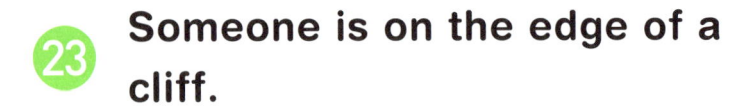

23 **Someone is on the edge of a cliff.**

🎧 no.168

24 **He said he's received his package.**

🎧 no.169

25 **The men are drinking a mug of beer.**

🎧 no.170

26 **Can I finish this assignment at home?**

🎧 no.171

27 **I'm going to send the wedding invitation next week.**

Lesson 13 センテンスのトレーニング

▶ Someone is on the edge of a cliff.
Someone is on the edge of a cliff.

＊edgeのdgは爆発させる子音Jとおなじ発音です。
だれかが崖の縁にたっている。

▶ He said he's received his package.
He said he's received his package.

＊packageのGは爆発させる子音Jとおなじ発音です。
彼は荷物を受け取ったと言いました。

▶ The men are drinking a mug of beer.
The men are drinking a mug of beer.

その男たちはジョッキでビールを飲んでいます。

PART 4

▶ Can I finish this assi(g)nment at home?
Can I finish this assignment at home?

自宅でこのレポートを終わらせてもいいですか。

▶ I'm going to send the wedding invitation next week.
I'm going to send the wedding invitation next week.

来週結婚式の招待状を送ります。

🎧 no.172

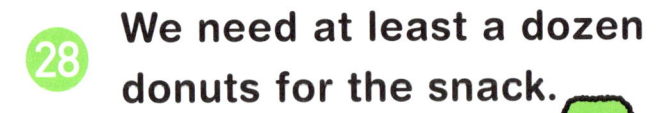

28 We need at least a dozen donuts for the snack.

🎧 no.173

29 You look like you've been working too hard.

🎧 no.174

30 The first day of the conference is January 15th.

🎧 no.175

31 I just realized I left my briefcase in front of the building.

🎧 no.176

32 Didn't I meet you at the conference last year?

Lesson 13 センテンスのトレーニング

▶ **We need at least a dozen donuts for the snack.**

We need at least a dozen donuts for the snack.

おやつに少なくとも1ダースのドーナツが必要です。

▶ **You look like you've been working too hard.**

You look like you've been working too hard.

君は働きすぎにみえるよ。

▶ **The first day of the conference is January fifteenth.**

The first day of the conference is January 15th.

会議の初日は1月15日です。

▶ **I just realized I left my briefcase in front of the building.**

I just realized I left my briefcase in front of the building.

ビルの前にかばんを忘れたのを気づきました。

▶ **Didn't I meet you at the conference last year?**

Didn't I meet you at the conference last year?

去年の会議でお会いしませんでしたか。

PART 4

no.177

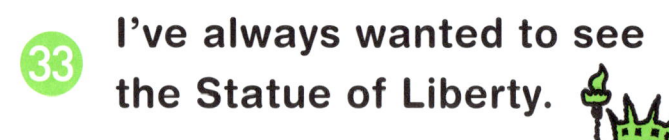

33 I've always wanted to see the Statue of Liberty.

no.178

34 Let's just go inside and wait. It's cold outside.

no.179

35 I've never cooked a turkey before but I can try.

no.180

36 I'm not sure if you can get in at this time of day.

no.181

37 These letters look terrible! Could you do them again?

Lesson 13 センテンスのトレーニング

▶ **I've always wanted to see the Statue of Liberty.**

I've always wanted to see the Statue of Liberty.

自由の女神をずっと見たかったんです。

▶ **Let's just go inside and wait. It's cold outside.**

Let's just go inside and wait. It's cold outside.

なかに入って待とう。外は寒いよ。

▶ **I've never cooked a turkey before but I can try.**

I've never cooked a turkey before but I can try.

七面鳥を料理したことはありませんが、挑戦してみてもいいです。

PART 4

▶ **I'm not sure if you can get in at this time of day.**

I'm not sure if you can get in at this time of day.

これくらいの時間にあなたが着けるかどうかわかりません。

▶ **These letters look terrible! Could you do them again?**

These letters look terrible! Could you do them again?

ひどい字！　やりなおしたらどうですか。

no.182

38 Where do you think they'll locate the factory next year?

no.183

39 I was impressed with the actor's performance in the musical.

no.184

40 How many people do you think we need to work on this plan?

no.185

41 Would you like me to make an appointment with Mr. Jones for you?

no.186

42 He cannot stay here until the 27th. I'm afraid his schedule won't allow it.

Lesson 13 センテンスのトレーニング

▶ **Where do you think they'll locate the factory next year?**
来年彼らは工場をどこに置くと思いますか。

▶ **I was impressed with the actor's performance in the musical.**
ミュージカルでの俳優の演技に感動しました。

▶ **How many people do you think we need to work on this plan?**
この計画に取り組むのにどれくらい人手がいると思いますか。

▶ **Would you like me to make an appointment with Mr. Jones for you?**
ジョーンズ氏との約束をとりつけてほしいですか。

▶ **He cannot stay here until the 27th. I'm afraid his schedule won't allow it.**
彼は27日までここにはいられません。スケジュールの都合がつかないのです。

PART 4

コラム

空耳英語

　英語なのに、その音が日本語に聞こえてしまう単語やセンテンスがあります。これも子音の強調、リエゾン、リダクションがなせる技です。

　「掘った芋いじるな！」(**What time is it now ?**)や「揚げ豆腐」(**I get off.**)などは、みなさんも聞いたことがあるかもしれませんね。

　逆にこうした日本語を使って、英語ネイティブに通じるかどうかためしてみるのも面白いですよ。やはり、子音を強調して言ってみると、それなりに聞こえます。

Listen! 聞いてみよう！ no.187

適当、維持
▶ **Take it easy.**　　気楽にね。

夕方、滅入る
▶ **You got a mail.**　　メールが届いたよ。

紙屋
▶ **Come here!**　　こっちへおいで！

- 辛いです
▶ **Try this.** これ試して！

- 知らんぷりー
▶ **Sit down, please.** お座りください。

- おしまいか！
▶ **Wash my car.** 私の車洗って！

- 兄移住
▶ **I need you.** あなたが必要です。

- 幅無いっすね
▶ **Have a nice day!** 良い一日を！

- 冬そば
▶ **Feel so bad.** ほんとに気分悪い。

- 荒井注
▶ **I'll write to you.** あなたに手紙書くね。

- アホみたい
▶ **Ah, hold me tight.** あー、ぎゅっと抱いて。

- ていうか、あっち行け
▶ **Take a ticket.** チケットとって。

Lesson 14 お役立ちフレーズで発音力をアップ

このレッスンで学ぶコト！

日ごろ使えるフレーズを
ネイティブらしく言えるようにする

練習しよう！

no.188

1 Can I join you?

no.189

2 I don't believe we have met.

今回のレッスンでは、日ごろ友だちや恋人に英語で言えると面白いフレーズを集めました。使えそうな場面でパッと出てくるよう、なんどもくりかえし発音して、ネイティブらしく言えるようになりましょう。

PART 4

Can I join you?

Can I join you?

キャナジョイニュウ

すわっていい？（そのほか「話せる？」「輪に加わっていい？」「おじゃまじゃない？」という意味でも使えます）

I don't believe we have met.

I don't believe we have met.

アドゥオン／トビィリーヴウィハヴメット

お会いしたことはないと思いますが。

🎧 no.190

3 **Let me check on my schedule and get back to you.**

🎧 no.191

4 **He has my complete trust.**

🎧 no.192

5 **Nobody could come between us.**

🎧 no.193

6 **Our relationship is not what you think. We are just friends.**

🎧 no.194

7 **We only see each other on business. There is nothing between us.**

Lesson 14 お役立ちフレーズで発音力をアップ

▶ **Let me check on my schedule and get back to you.**
レ／トゥミーチェッコンマスケジューランゲットバックトゥイウ
予定を確認して、あとで連絡するよ。

▶ **He has my complete trust.**
ヒハズマコンプリートゥラスト
彼を心底信頼しています。

▶ **Nobody could come between us.**
ノーバァディクゥ／ドクァムビィトウィナス
だれにも私たちの仲は邪魔だてできないよ。

▶ **Our relationship is not what you think. We are just friends.**
私たちの関係はあなたの思っているような関係ではないよ。ただの友だちさ。

▶ **We only see each other on business. There is nothing between us.**
私たちは仕事で会うだけです。なんの関係もありません。

PART 4

🎧 no.195

8 **I knew this would happen someday. We're through.**

🎧 no.196

9 **You're not nice to me like you were before.**

🎧 no.197

10 **Things are not working out between us.**

🎧 no.198

11 **There is no time like the present.**

🎧 no.199

12 **You're very thoughtful.**

Lesson 14 お役立ちフレーズで発音力をアップ

▶ I (k)new this wou(l)d happen someday.
We're throu(gh).

I knew this would happen some day. We're through.

こんな日がくることを予感していたよ。もう終わりだ。

▶ You're not nice to me like you were before.

You're no t nice to me like you were before.

以前のようなやさしさがないんだね。

▶ Things are not working out between us.

Things are no t working ou t between us.

ぼくたちの仲は、うまくいっていないね。

PART 4

▶ There is no time like the present.

There is no time like the present.

今が絶好のチャンスじゃないか。

▶ You're very thou(gh)tful.

You're very thoughtful.

思いやりがあるね。

no.200

13 Everyone has their bad days.

no.201

14 Believe in yourself, and your dreams will come true.

no.202

15 Better luck next time.

no.203

16 Keep up the good work!

no.204

17 I've never seen anyone do it better, but you.

Lesson 14 お役立ちフレーズで発音力をアップ

▶ **Everyone has their bad days.**

＊EveryoneのOは子音Wとおなじ発音です。
調子の悪い日って、だれにでもあるよ。

▶ **Believe in yourself, and your dreams will come true.**

自分を信じればきっと夢はかなうんだから。

▶ **Better luck next time.**

つぎはうまくいくよ。

▶ **Keep up the good work!**

その調子で頑張って！

▶ **I've never seen anyone do it better, but you.**

君以外にこんなにできる人はいないよ。

no.205

18 **I enjoy spending time with you.**

no.206

19 **I like the way you think.**

no.207

20 **You have good taste!**

no.208

21 **I'm here for you.**

no.209

22 **Thank you for bringing a smile to my face.**

Lesson 14 お役立ちフレーズで発音力をアップ

▶ **I enjoy spending time with you.**

君と一緒にいると楽しいよ。

▶ **I like the way you think.**

君の考え方好きだな。

▶ **You have good taste!**

センスいいね！

▶ **I'm here for you.**

この私を頼りにしてください。

▶ **Thank you for bringing a smile to my face.**

笑顔にさせてくれてありがとう。

no.210

23 **You are all right. I will always be by your side.**

no.211

24 **I love to live life to the fullest.**

no.212

25 **I know what you mean.**

no.213

26 **You are better off not knowing.**

no.214

27 **It may not be exciting or glamorous, but it works.**

Lesson 14 お役立ちフレーズで発音力をアップ

▶ **You are all ri(gh)t. I will always be by your side.**

You are all right. I will always be by your side.

だいじょうぶ、ぼくがついてる。

▶ **I love to live life to the fullest.**

I love to live life to the fullest.

毎日を精いっぱい生きるのが大好きです。

▶ **I (k)now what you mean.**

I know wha t you mean.

言いたいこと、わかるよ。

▶ **You are better off not (k)nowing.**

You are better off no t knowing.

知らないほうがいいよ。

▶ **It may not be exciting or glamorous, but it works.**

I t may no t be exciting or glamorous, but i t works.

刺激的でも魅力的でもないかもしれないけど、それがいいんだよ。

PART 4

no.215

28 **Everything is falling into place.**

no.216

29 **This is the result I was hoping for.**

no.217

30 **That's the least of my worries.**

no.218

31 **You get back what you give out.**

no.219

32 **Don't shrink from doing what is right.**

Lesson 14 お役立ちフレーズで発音力をアップ

Everything is falling into place.

万事うまくいきつつあります。

This is the result I was hoping for.

これが、私が望んでいた結果だよ。

That's the least of my worries.

そんなことは心配したこともありません。

PART 4

You get back what you give out.

自分が与えた分だけ返ってくるものなんだ。

Don't shrink from doing what is right.

正しいことをするのに、しりごみしてはいけない。

no.220

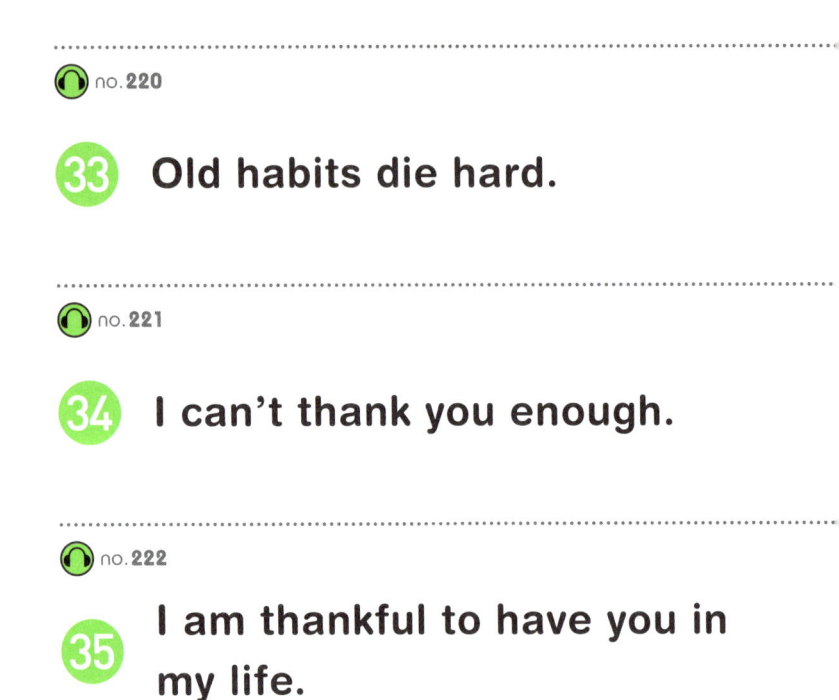

33 Old habits die hard.

no.221

34 I can't thank you enough.

no.222

35 I am thankful to have you in my life.

Lesson 14 お役立ちフレーズで発音力をアップ

▶ **Old habits die hard.**

一度身についた習慣は、なかなかなおらないですからね。

▶ **I can't thank you enough.**

お礼の言いようもありません。

▶ **I am thankful to have you in my life.**

人生であなたと出会えたことに感謝しています。

PART 4

コラム

ドンドン目立たなくなる母音

　これまで、英語では子音が目立ち、母音は目立たないと、くりかえしお話ししてきました。
　ただでさえ目立たない母音ですが、**もっと目立たなくなる場合があります。**わかりやすい例を見てみましょう。

① 単語が長い場合

　redなどの短い単語に比べると、**cigarette**といった長い単語では母音は目立たなくなります。

Listen! 聞いてみよう！ 🎧 no.223

▶ **red**
　cigarette

　2つとも子音**R**が入った単語ですが、**red**の**re**は「ゥレ」（説明のため、ここではあえてカタカナで書きました）と聞こえますが、**cigarette**の**re**はほとんど「ウ」と聞こえますね。

　これは、Rのつぎの母音が目立たなくなることで起きる音の変化です。

　単語が長くなれば、当然子音の数が増えます。
　このため、子音はいっそう目立つ一方で、目立つ子音にはさまれた母音はますます目立たなくなるわけです。

② 単語が複数ある場合

短い単語でも、語句やセンテンスのなかでは、母音は目立たなくなります。

たとえば、**red**という短い単語でも、**pretty red sweater**というセンテンスのなかでは母音が目立たないのです。

Listen! 聞いてみよう！

▶pretty red sweater

reが、「ゥレ」とは聞こえず、ほぼ「ウ」と聞こえるのがわかりますか。

しくみは①とおなじ。単語がいくつかあることで子音が増え、母音が目立たなくなって、**R**の音が変わったんですね。

③ 速く話される場合

②であげた**pretty red sweater**も、話される速さによって聞こえ方は変わってきます。速ければ子音はいっそう目立ち、母音はさらに目立たなくなります。

一方、文中で「ウ」と聞こえていた**re**も、ゆっくりと発音すれば「ゥレ」と聞こえます。

Listen! 聞いてみよう！

▶pretty red sweater

①から③は、日本人がリスニングのときに聞き取りづらくなる条件でもあります。この本のメソッドで英語の子音に慣れていけば、リスニング力のアップにもつながります！

Lesson 15 思わず英語で言いたくなる名言

名言を英語でカッコよくキメる!

1 🎧 no.224

There is always light behind the clouds.

Louisa May Alcott (ルイーザ・メイ・オルコット) 米国の小説家

2 🎧 no.225

If you can dream it, you can do it.

Walt Disney (ウォルト・ディズニー) 米国の実業家

Lesson 15 思わず英語で言いたくなる名言

　いよいよ最後のレッスンになりました。今回は、英語の名言をとりあげます。名言を覚えて、プレゼンなどでキメ台詞として使ってみるといいかもしれません。鏡のまえで練習すると効果的ですよ。
　今回、シンコペーションはあえて示していません。音声を聞きながら、自分の体でつかみとるトレーニングをしましょう。また、強調したい言葉の前で切ることがあるため、リエゾンやシンコペーションなどでこれまでのルールにあてはまらない場合もでてきます。

Y...you...

You talki'n me?...

PART 4

There is always li(gh)t behind the clouds.

▶ **There is always ligh behin the clouds.**

雲の向こうは、いつも青空。

If you can dream it, you can do it.

▶ **If you can dream it, you can do it.**

夢を見ることができれば、それは実現できる。

3 no.226

Love dies only when growth stops.

Pearl S. Buck (パール・バック) 米国の小説家

4 no.227

You'll never find a rainbow if you're looking down.

Charlie Chaplin (チャーリー・チャップリン) 英国の喜劇俳優

5 no.228

Indecision is often worse than wrong action.

Henry Ford (ヘンリー・フォード) 米国の実業家

6 no.229

He who has never hoped can never despair.

George Bernard Shaw (バーナード・ショー) アイルランドの劇作家

7 no.230

It's all about the journey, not the outcome.

Carl Lewis (カール・ルイス) 米国の元陸上競技選手

Lesson 15 思わず英語で言いたくなる名言

Love dies only when growth stops.

▶ **Love dies only when growth stops.**

愛が死ぬのは、愛の成長が止まる、その瞬間である。

You'll never find a rainbow if you're looking down.

▶ **You'll never find a rainbow if you're looking down.**

下を向いていたら、虹を見つけることはできないよ。

Indecision is often worse than wrong action.

▶ **Indecision is often worse than wrong action.**

決断しないことは、ときとして間違った行動よりたちが悪い。

PART 4

He who has never hoped can never despair.

▶ **He who has never hoped can never despair.**

希望を抱かぬ者は、失望することもない。

It's all about the journey, not the outcome.

▶ **It's all about the journey, not the outcome.**

すべては過程だ。結果ではない。

8 no.231

The only way to have a friend is to be one.

Ralph Waldo Emerson（R・W・エマーソン）米国の作家

9 no.232

In the middle of difficulty lies opportunity.

Albert Einstein（アルバート・アインシュタイン）ドイツの理論物理学者

10 no.233

If you haven't cried, your eyes can't be beautiful.

Sophia Loren（ソフィア・ローレン）イタリアの女優

11 no.234

The secret to living is giving.

Anthony Robbins（アンソニー・ロビンズ）米国の自己啓発作家

12 no.235

What is not started today is never finished tomorrow.

Johann Wolfgang von Goethe（ゲーテ）ドイツの作家

Lesson 15 思わず英語で言いたくなる名言

The only way to have a friend is to be one.

▶ **The only way to have a friend is to be one.**

友人を得る唯一の方法は、自分がその人の友人になることである。

In the middle of difficulty lies opportunity.

▶ **In the middle of difficulty lies opportunity.**

困難のなかに、機会がある。

If you haven't cried, your eyes can't be beautiful.

▶ **If you haven't cried, your eyes can't be beautiful.**

もしあなたがこれまでに泣いたことがないとしたら、あなたの目は美しいはずがないわ。

The secret to living is giving.

▶ **The secret to living is giving.**

生きることの極意は、与えることだ。

What is not started today is never finished tomorrow.

▶ **What is not started today is never finished tomorrow.**

今日始めなかったことは、明日終わることはない。

PART 4

13 🎧 no.236

Everybody has talent, but ability takes hard work.

Michael Jordan（マイケル・ジョーダン）米国の元バスケットボール選手

14 🎧 no.237

Love is doing small things with great love.

Mother Teresa（マザー・テレサ）カトリックの修道女

15 🎧 no.238

Luck is a matter of preparation meeting opportunity.

Oprah Winfrey（オプラ・ウィンフリー）米国のテレビ司会者

16 🎧 no.239

Every day is a new day.

Ernest Hemingway（アーネスト・ヘミングウェイ）米国の小説家

17 🎧 no.240

My true religion is kindness.

14th Dalai Lama（ダライ・ラマ14世）チベット仏教の最高指導者

Lesson 15 思わず英語で言いたくなる名言

Everybody has talent, but ability takes hard work.

▶ **Everybody has talent, but ability takes hard work.**

だれもが才能を持っている。でも能力を得るには努力が必要だ。

Love is doing small things with great love.

▶ **Love is doing small things with great love.**

愛とは、大きな愛情をもって小さなことをすることです。

Luck is a matter of preparation meeting opportunity.

▶ **Luck is a matter of preparation meeting opportunity.**

準備万端の人にチャンスが訪れることを幸運と呼ぶの。

Every day is a new day.

▶ **Every day is a new day.**

毎日が、新しい日なんだ。

My true religion is kindness.

▶ **My true religion is kindness.**

私にとっての真の宗教とは思いやりの心だ。

18 🎧 no.**241**

Cool heads but warm hearts.

Alfred Marshall (アルフレッド・マーシャル)英国の経済学者

19 🎧 no.**242**

A goal without a plan is just a wish.

Antoine de Saint-Exupéry (サン＝テグジュペリ)フランスの作家

20 🎧 no.**243**

There is nothing like a dream to create the future.

Victor Hugo (ヴィクトル・ユーゴー)フランスのロマン主義の詩人

21 🎧 no.**244**

Living is not breathing but doing.

Jean-Jacques Rousseau (ジャン＝ジャック・ルソー)フランスの哲学者

22 🎧 no.**245**

I walk slowly, but I never walk backward.

Abraham Lincoln (エイブラハム・リンカーン)米国の政治家

Lesson 15 思わず英語で言いたくなる名言

Cool heads but warm hearts.

▶ **Cool heads but warm hearts.**

冷静な頭脳とあたたかい心。

A goal without a plan is just a wish.

▶ **A goal without a plan is just a wish.**

計画のない目標は、ただの願いごとにすぎない。

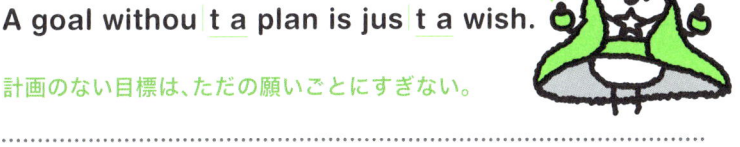

There is nothing like a dream to create the future.

▶ **There is nothing like a dream to create the future.**

夢以外に将来をつくりだすものはない。

Living is not breathing but doing.

▶ **Living is not breathing but doing.**

生きるとは呼吸することではない。行動することだ。

I walk slowly, but I never walk backward.

▶ **I walk slowly, but I never walk backward.**

私の歩みは遅いが、歩んだ道を引き返すことはない。

PART 4

23 no.246

It requires more courage to suffer than to die.

Napoléon Bonaparte (ナポレオン・ボナパルト)フランスの軍人・政治家

24 no.247

Freedom is nothing but a chance to be better.

Albert Camus (アルベール・カミュ)フランスの作家

25 no.248

I don't dream at night, I dream all day; I dream for a living.

Steven Spielberg (スティーヴン・スピルバーグ)米国の映画監督

26 no.249

Love is nature's second sun.

George Chapman (ジョージ・チャップマン)英国の劇作家

27 no.250

To avoid criticism, do nothing, say nothing, be nothing.

Elbert Hubbard (エルバート・ハバード)米国の作家

Lesson 15 思わず英語で言いたくなる名言

It requires more courage to suffer than to die.

▶ It requires more courage to suffer than to die.

死ぬよりも苦しむほうが勇気を必要とする。

Freedom is nothing but a chance to be better.

▶ Freedom is nothing but a chance to be better.

自由とは、より良くなるための機会のことだ。

I don't dream at ni(gh)t, I dream all day; I dream for a living.

▶ I don't dream at night, I dream all day; I dream for a living.

僕は、夜に夢を見るんじゃない。1日中夢を見ているんだ。生きる糧として、夢を見ている。

Love is nature's second sun.

▶ Love is nature's second sun.

愛は、自然界の第2の太陽である。

To avoid criticism, do nothing, say nothing, be nothing.

▶ To avoid criticism, do nothing, say nothing, be nothing.

批判を避けようとするのなら、なにもせず、なにも言わず、なに者にもならないことである。

28 🎧 no.251

A man is known by the silence he keeps.

Oliver Herford（オリヴァー・ハーフォード）米国の作家

29 🎧 no.252

Death is just life's next big adventure.

J. K. Rowling（J・K・ローリング）英国の作家

30 🎧 no.253

Some people feel the rain. Others just get wet.

Bob Marley（ボブ・マーリー）ジャマイカのミュージシャン

31 🎧 no.254

The future starts today, not tomorrow.

Pope John Paul II（ヨハネ・パウロ2世）ローマ教皇

32 🎧 no.255

I never worry about action, but only inaction.

Winston Churchill（ウィンストン・チャーチル）英国の政治家

Lesson 15 思わず英語で言いたくなる名言

A man is (k)nown by the silence he keeps.

▶ **A man is known by the silence he keeps.**

人はその守る沈黙によって判断される。

Death is just life's next big adventure.

▶ **Death is just life's next big adventure.**

死というのは、ただ人生のつぎに起こる大冒険にすぎないのよ。

Some people feel the rain. Others just get wet.

▶ **Some people feel the rain. Others just get wet.**

雨を感じられる人間もいるし、ただ濡れるだけの奴らもいる。

PART 4

The future starts today, not tomorrow.

▶ **The future starts today, not tomorrow.**

未来は今日始まる。明日始まるのではない。

I never worry about action, but only inaction.

▶ **I never worry about action, but only inaction.**

行動することは少しも恐れない。恐れるのは、ただ無為に時を過ごすことだけだ。

33 no.256

Life is not fair; get used to it.

Bill Gates（ビル・ゲイツ）米国の実業家

34 no.257

Failure is not fatal, but failure to change might be.

John Wooden（ジョン・ウドゥン）米国の元バスケットボール選手

35 no.258

Appearances matter — and remember to smile.

Nelson Mandela（ネルソン・マンデラ）南アフリカ共和国の政治家

36 no.259

I don't want to be alone, I want to be left alone.

Audrey Hepburn（オードリー・ヘップバーン）英国の女優

37 no.260

How very little can be done under the spirit of fear.

Florence Nightingale（フローレンス・ナイチンゲール）英国の看護師

Lesson 15 思わず英語で言いたくなる名言

Life is not fair; get used to it.

▶ Life is no|t fair; ge|t use|d to it.

人生は公平ではない。そのことに慣れよう。

Failure is not fatal, but failure to change mi(gh)t be.

▶ Failure is no|t fatal, bu|t failure to change might be.

失敗は致命的ではない。変わらなければ、それこそが致命的になりうる。

Appearances matter — and remember to smile.

▶ Appearances matter — an|d remember to smile.

外見は大切。笑顔を忘れぬよう。

I don't want to be alone, I want to be left alone.

▶ I don|'t wan|t to be alone, I wan|t to be lef|t alone.

1人ぼっちになるのはいやだけど、そっとしておいて欲しいの。

How very little can be done under the spirit of fear.

▶ How very little can be done under the spiri|t of fear.

恐れを抱いた心では、なんと小さいことしかできないことでしょう。

PART 4

38 🎧 no.261

If you want the rainbow, you gotta put up with the rain.

Dolly Parton（ドリー・パートン）米国のシンガーソングライター

39 🎧 no.262

If you would be loved, love and be lovable.

Benjamin Franklin（ベンジャミン・フランクリン）米国の政治家

40 🎧 no.263

Everything you can imagine is real.

Pablo Picasso（パブロ・ピカソ）スペインの画家

Lesson 15 思わず英語で言いたくなる名言

If you want the rainbow, you gotta put up with the rain.

▶ **If you want the rainbow, you gotta put up with the rain.**

虹を見たければ、ちょっとやそっとの雨は我慢しなくちゃ。

If you wou(l)d be loved, love and be lovable.

▶ **If you would be loved, love and be lovable.**

愛されたいなら、愛し、愛らしくあれ。

Everything you can imagine is real.

▶ **Everything you can imagine is real.**

想像できることは、すべて現実だ。

PART 4

著者紹介 藤澤慶已（ふじさわ けい）

米国テネシー州立大学にて言語学博士号（Ph.D.）、南ミシシッピー州立大学にて音楽博士号（D.M.A.）を取得。現在、LEC会計大学院教授、関東学園大学客員教授。日本語と英語の比較言語学、音声学の観点から、日本人向けの実用的な英語学習法として「藤澤博士のスピーチセラピーメソッド（FSTM）」を開発し、多くの大学で英語発音やTOEICの授業を受け持っている。著書に、『子音に慣れればクリアに聞こえる！ 英語高速リスニング』『レベル別問題でスコアアップ！ 新TOEIC®テスト厳選700問』（DHC）、『すぐに話せる！ しゃべれる！ 1秒英作文』（あさ出版）、『藤澤博士の英語セラピー』（マクミランランゲージハウス）などがある。

オドロキモモノキ英語発音 子音がキマればうまくいく

2014年6月20日　初版発行
2020年1月20日　第9刷発行

著　　者　　藤澤慶已
　　　　　　©Kei Fujisawa, 2014
発 行 者　　伊藤秀樹
発 行 所　　株式会社ジャパンタイムズ出版
　　　　　　〒102-0082 東京都千代田区一番町2-2 一番町第二TGビル2F
　　　　　　電話 050-3646-9500［出版営業部］
　　　　　　ウェブサイト https://bookclub.japantimes.co.jp/
印 刷 所　　日経印刷株式会社

本書の内容に関するお問い合わせは、上記ウェブサイトまたは郵便でお受けいたします。
定価はカバーに表示してあります。

万一、乱丁落丁のある場合は、送料当社負担でお取り替えいたします。ジャパンタイムズ出版・出版営業部あてにお送りください。

Printed in Japan　ISBN 978-4-7890-1571-4